天才コピーライター
ひすいこたろう

Kotaro Hisui

ONE HUNDRED GREATEST WORDS

3秒でハッピーになる

超名言100

TO MAKE YOUR LIFE HAPPY.

Discover

Kotaro Hisui

100

ONE HUNDRED GREATEST WORDS

TO MAKE YOUR LIFE HAPPY.

「いい言葉」は、
出会うたびに、
あなたを生まれ変わらせる。

▼中谷彰宏（作家）

出典『中谷彰宏名言集』中谷彰宏（ダイヤモンド社）

プロローグ

「はじめに言葉ありき」

行動は必ず想像を
超えた未来をもたらす。

▼喜多川泰（作家）

どんなふうに世界が見えるかは、あなたの「目」が決めるのではなく、じつは「言葉」が決めます。

たとえば虹の色。虹の色は何色でしょうか？

赤、橙、黄、緑、青、藍、紫の7色ですよね？

でも、海外では「虹は6色」だと言われることが多いんです。

それは、青と藍の色の区別がない国が多いから。

色を表現する言葉自体がないから、青と藍の色は区別されず、同じ色として認識されてしまっているのです。

つまり、「言葉」を知ることは、「認識」が広がることと言えます。

言葉を知ることで初めて見えてくる世界があるんです。

だから、人は、幸せになる前に、
幸せをもたらす言葉と、必ず先に出会っています。
人は、成功する前に、
成功に導く言葉と、必ず先に出会っています。

言葉が先にきて、認識が変わり、思考が変わり、行動が変わり、世界が変わるのです。

聖書にある「はじめに言葉ありき」とは、まさにそのことです。

たった一行の言葉との出会いが人生を変える。そんな例をご紹介します。

「作家の喜多川泰さんの作家10周年記念イベントに、どうしても行きたい」

僕の友人はそう思ったものの、スケジュールの調整がつかず「行きたかった私の分身」として、会場にお花を送りました。そうしたら、後日、喜多川さんからお礼のハガキが届いたのだそう。そのハガキには、次の言葉が書かれていました。

「行動は必ず想像を超えた未来をもたらす」

友人は、この「必ず」という言葉にときめいた。行動すれば必ず、想像を超えた未来に出会えるなら、今まで恐れて踏み出せなかったことにも、一歩踏み出してみたいとワクワクしてきた。たったひとつの言葉が、彼女が抱えていた恐れを溶かしたのです。

彼女は、これまでずっとできなかったことを決意。

それは「親元を離れて一人暮らしをする」ということでした。

一人娘で、両親からとても大事にされていた彼女は、実家を出たら「親が悲しむだろうな、きっと反対される」と思っていた。また、お父さんが病気だったこともあって、自分の人生から、家を出るという選択肢を、外していました。

しかし、喜多川さんの言葉に背中を押されて、「一人暮らしをしたい」と、初めて親に切り出すことができた。すると、想像もしていなかった未来が待っていました。

両親は反対するどころか、彼女を応援し、祝福してくれたのです。彼女は、それが一番うれしかった。今は、あたたかく送り出してくれた親に、感謝の気持ちでいっぱいだそう。この幸せは、わずか一行の言葉との出会いから始まりました。

彼女は、喜多川さんのイベントに行きたかった気持ちを、お花を送るというかたちで行動に移した。すると、喜多川さんからハガキがきて、この運命の言葉と出会い、新たな一歩を踏み出すことができた。さらにその言葉は、この本を手に取ってくれたあなたの胸にまで届くことになりました。

行動は必ず、必ず、想像を超えた未来をもたらしてくれるのです。

そんなふうに、君の人生を変える名言を１００個届けたい。

それがこの名言集です。

これから１００回、君は生まれ変わります。
どうせなら、生きてる間に生まれ変わりましょうよ。

言葉には
世界を変える力がある。

▼キャロライン・ケネディ（弁護士・元駐日米国大使）

出典『ケネディの言葉』御手洗昭治、小笠原はるの（東洋経済新報社）

そう、言葉には、あなたの人生を変える力がある。

「名言」とは、まるで「富士山」のようだと、僕は感じています。

富士山の頂上を目指し、歩みを重ねていくうちに、見える景色は広がりを持ちます。

同じ言葉でも、人生の歩みを重ねるほどに、気がつかなかった「言葉の奥行き」が感じられてくる。一生味わえる、そんな高み（深み）を持った名言を選りすぐり、１００個とり揃えました。

お届けするのは、『3秒でハッピーになる名言セラピー』でデビューし、以来12年間、あなたを幸せにする言葉を日夜探求している天才コピーライターひすいこたろうです。

作家生活12年、それは僕にとって、どうしたら人は幸せに生きていけるのかを研究した12年でもありました。本書は、そのなかで出会った、いわばベスト名言集１００です。

明日死ぬとしたら、二人の子どもたちに、「これが父からの遺言のすべてだ」と渡すことができる本をつくりたかったんです。

どんなときも、あなたの一番近くで寄り添ってくれる、一生の親友のような本。いつもカバンの中で、もしくは枕元で、あなたの一番近くで、一生大切にしていただける本。

それでは、あなたを富士山のてっぺんまでお連れします。
そのてっぺんで、あなたは、「史上最高の自分」に逢えることでしょう。

追伸（名言の味わい方）

この本は、ぜひ6回読んでほしい。これは脳の仕組みから言えることなんです。新しい情報は、6回接することで、頭にすっと入ってくるそうです。もし自分の考えと違った場合、最初、脳はその考え方を拒否します。しかし6回接するうちに、自然に新しい考え方を受け入れるようになり、心の奥まで浸透していきます。

だから、最低でも、6回は味わっていただきたい本です。

では、はじめましょう。

ひすいこたろう

CONTENTS

3秒でハッピーになる 超名言100

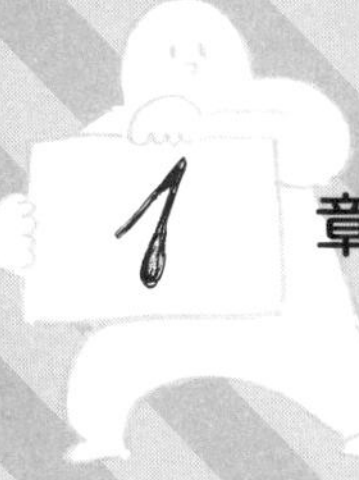

第1章

新しい自分を見つける言葉

……「いい気分」のつくりかた

MEIGEN

1

他人が笑おうが笑うまいが、
自分の歌を歌えば
いいんだよ。

▼岡本太郎（芸術家）

出典『強く生きる言葉』岡本太郎（イースト・プレス）

▶岡本太郎

《1911-1996年》日本の芸術家。日本で積極的に絵画・立体作品を制作するかたわら、縄文土器論や沖縄文化論を発表するなど文筆活動も行い、雑誌やテレビなどのメディアにも積極的に出演した。

情熱は「本心」から生まれる

芸術家の岡本太郎がまだ無名時代のお話。フランスから帰国したとき、当時の日本の絵画は、わび、さび全盛期で、岡本太郎は日本の絵画に違和感を感じた。自分はきれいなものを描きたいわけじゃない。キャンバスを真っ赤に染めたり、真っ青に塗り込んだり、「なんだこれは！？」と、ゾッとするようなものを描きたい。しかし、そんな絵を描けば、嫌われてしまうだろう。俺は絵で食えなくなるだろう。食えなくなったら死ぬだろう。じゃあ、どうする？

じゃあ、この道で、死のう！　誰からも認められなくてもいい。

そのとき、岡本太郎は、自分の歌を歌う覚悟ができたのです。

すべての生物は、誰かに認めてもらうために生きているのではありません。**すべての生物は、未練を残さずに、死ぬために生きています。**

人生最大の不幸は、他人に笑われることを気にして自分の歌を歌わないことです。笑われた記憶は、時間とともに消え去ります。

しかし自分の歌を歌わなかった後悔は、時とともに増すのです。

じつは、この岡本太郎でさえ、心が進まない仕事を引き受けてしまったことがあった。するとどうなったか。自分の心にストレートに添わない絵を描いていたら、なんとパートナーの岡本敏子さんがむくれたのだそうです。

他人軸ではなく、あくまでも自分軸。

自分の歌（本心）に寄り添い切ることが、二人にとっての生きることでした。

勇気も情熱も元気も、すべてのエネルギーは、本心から生まれます。本心に添わない限り、フルパワーは出ないんです。

さあ、自分の歌を歌おうか。

やってみよう！

「わがままを言ってはいけない」とがんばって生きてきた、優しい君にこそ幸せになってほしい。だから、わがままを言う練習をしてみよう。自分の素直な思いを表現したっていい。

あるイベントのとき、ずっと撮影係をしてくれていた仲間の一人が、最終日にわんわん泣き出した。「私もみんなと一緒に写真に写りたかった。一緒に撮ろうって言ってほしかった」って。素直な気持ちを泣いて表現できるって素晴らしいと思った。

素直な気持ちは、周りの人の優しさを引き出す力があるんだ。

MEIGEN

2

喜べば　喜びごとが　喜んで
喜び連れて　喜びに来る

作者不詳（明治時代から大正時代にかけて詠まれた歌）

▶明治・大正時代とは

明治時代は1868年1月25日から、1912年9月8日までの45年間。
大正時代は、1912年7月30日から、1926年の12月24日の15年間。
日本が明治維新により近代化し、世界大戦へと進む激動の時代だった。

前祝いのススメ

この世界の最大の罪は「不機嫌」でいることです。不機嫌はうつるからです。ではどうすれば「上機嫌」（いい気分）でいられるか。

それは、「前祝い」をしちゃうこと。

いいことなんか何ひとつなくても、先にお祝いしてしまえばいい。

じつは、この「前祝い」は、日本人が古来からやってきた願いの叶え方でもあるのです。たとえば、お花見や盆踊りは、古来日本人の願いを叶えるための知恵でした。春に満開に咲く桜を秋のお米の実りに見立て、先に喜び、お祝いすることで秋の豊作を引き寄せようというのが、お花見の由来です。盆踊りも、豊作を喜ぶ「前祝いダンス」。前祝いすることを「予祝《よしゅく》」と言いますが、予祝こそ上機嫌をつくり、願いを叶える最高の方法なのです。

あの俳優の武田鉄矢さんが鳴かず飛ばずだったときに、この「予祝」をしたことでブレイクしたというお話があります。

ある日、鉄矢さんのお母さんが、寝ていたお父さんを起こして「今から祝杯をあげよう」と突然言い出した！　鉄矢さんは「めでたかことは、なーんにもなかばい」と伝えると、お母さんは「とにかく先に祝おう」と。鉄矢さんはポカーン（笑）。すると、お母さんは言いました。

「おまえには貧乏神が取り憑いている。でも、乾杯すれば、その貧乏神は『ここまで苦しめているのに、まだおめでとうとか言ってるよ』と拍子抜けして離れていく。だから親子三人で一芝居打とう」と。

こうして親子三人で予祝をしたら、鉄矢さんのもとに、『幸福の黄色いハンカチ』の映画出演のオファーがきたのです。鉄矢さんはこれが「予祝」だったのだと、あとで知ります。

喜べば、喜びがやって来るんです。

やってみよう！

今日は、「予祝」飲み会。みんなで夢を聞き合って、それがさも叶ったかのように話し、その気になって演技する「夢の前祝い会」をやろう！　大切なのは、〝やる気〟より〝その気〟になり、先に喜んじゃうこと。ソフトバンクの孫正義さんも、プロジェクトを始める前に、達成したことを想像して先に喜びにひたるのだそう。

MEIGEN

3

これが欠点だって!?
違うよ…
これはみんな個性だよ!

▼ライナス(スヌーピーの友だち)

出典『やっぱり、ね。』チャールズM・シュルツ、谷川俊太郎(訳)(講談社)

▶ライナス

《Linus》漫画『ピーナッツ』の登場人物。スヌーピーの友だちの一人。理性ある小さな哲学者は、いつもみなに優しい言葉をかけている。毛布が手放せない。

「欠点」は君に欠かせない点

神社仏閣の天井画の個人制作は日本一。そんな画家の斎灯サトルさんは、画家になる前は造園の仕事をしていました。でも、趣味で描いていた絵に注文が入り始め、造園の仕事を続けるか、絵の道で勝負するか、迷っていました。というのも、絵の道に踏み込めない深い悩みを抱えていたからです。

その悩みとは「色覚障害」です。微妙な色の判別ができないので、自分が塗っている色が見えていないということもあるのだそう。

「この弱みを抱えながら、プロとしてやっていけるのか」と悩んでいたある日、ある人がこう言ってくれた。

「色が判別できない、それはよかったですね」と。

え？　どういうこと？

「だからサトルさんは、はっきりした原色を使うのですね。色覚障害だからそういう色彩感覚を持っているのですよ。良かったですね」

「色覚障害はマイナスなどではなかった！むしろそれが私の絵の特長だったんだ！」

このときです。サトルさんが、絵の道一本でやっていこうと決意したのは。そう言ってくれたのは、心理学博士の小林正観さんでした。色の判別ができない。それもまたスペシャルな個性だと見たのでした。

僕の欠点のお話もしましょう。僕には、人見知りで、言いたいことが伝えられないという欠点がありました。だからこそ、言葉が外に出ずに内側で熟成していったように思います。その結果、書いて表現するという才能が引き出されました。**欠点の裏側で、才能は花ひらくのです。**

ちなみにオーストラリアの原住民アボリジニの人たちは、欠けた月を「ドリーミング」と呼びます。欠けたところから、人生を彩るドリーミングが生まれてくるんです。

やってみよう！

相手が欠点だと思っているところを褒めてあげよう。そのとき、スヌーピーの友だちの、この名言とともにさりげなくスヌーピーのグッズを贈ってみたらどう？

ちなみにうちのカミさんはスヌーピーグッズを集めてましたから、昔々、もちろんその手を使いました（笑）。

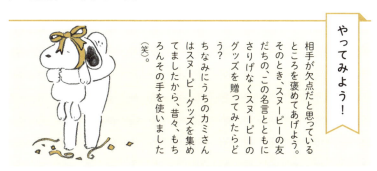

MEIGEN

4

成功したら幸せになれるのではない。
先に幸せであることが
成功を生むのだ。
もしあなたが今の仕事に
幸せを感じているのなら、
必ず成功するだろう。

▼アルベルト・シュバイツァー（哲学者・医者）

▶アルベルト・シュバイツァー

《Albert Schweitzer、1875-1965年》ドイツの神学者・哲学者・医者・音楽学者。アフリカでの医療活動とヨーロッパにおける講演活動との行き来を繰り返す。その献身的な医療奉仕活動が評価され、1952年度のノーベル平和賞を受賞する。

すべてにおいて、心が先

パリから羽田に向かって飛び立った飛行機にトラブル発生。パリに引き返すことになりました。客室乗務員さんが、まずファーストクラスのお客様に謝罪してまわったところ「パリで買い忘れたものがあったからよかったよ」とか「君も大変だね。がんばってね」とエールを送られた。

一方、ビジネスクラスでは、「明日は会議があるから困るよ」などと苦情を言われ、全体にせかせかした空気がただよっていた。

最後にエコノミークラスを担当する後輩が心配になり、客席をのぞいてみると、なんと後輩はお客様から胸ぐらをつかまれていた！

これは億万長者の友人、菅野一勢《いっせい》さんから聞いたお話です。このお話から「お金にゆとりがある人たちは、心もゆとりがあるんだな～」と思いますよね。でも、彼は「違う」と言います。

心にゆとりがあるから、お金にもゆとりが生まれたのだと。

心が先だと。

じつは昔、彼はとてもネガティブな性格でした。しかし大富豪の斎藤一人さんの本で「ツイてる人とは、『ツイてる』と言っている人である」という名言を知り、何があっても「ツイてる」と言う練習を3ヵ月間みっちりしたのだそう。すると、失敗することが、次第に怖くなくなり、いろいろなチャレンジをするようになった。僕と出会ったときはプータローだったのに、たった一年で年収1億円になってしまったのです。彼は、豊かになるには「心が先」だということを、実体験から理解していた。

では、貧乏な人は心が貧しいのかというと、それも違う。最後にこの名言を。

「私は貧乏だったことがない。ただ金欠だっただけだ。
貧乏とは心の有り様を言い、金欠とは一時的な状況を言う」
マイケル・ドット（アメリカの映画プロデユーサー）

やってみよう！

幸せになるにも練習がいるんです。菅野さんの場合は「ツイてる」を3カ月間口癖にしたら、福岡に行く飛行機に乗り遅れたときも「ツイてる。アメリカ行きじゃなくて」と言える自分になれたそう。

新車のドアを傷つけたときも「ツイてる」と咄嗟に言えた。隣にいた友だちからは「顔ひきつってたよ」と言われたそうですが(笑)。

MEIGEN

5

LIFE is
不安タスティック

▶みうらじゅん（イラストレーター）

出典『ほぼ日刊イトイ新聞』特別企画「21人のLIFE is…」
http://www.1101.com/21lifeis/2014-11-07.html

▶みうらじゅん

《1958年-》日本の漫画家、イラストレーター。武蔵野美術大学在学中に漫画家デビュー。以後、作家、ミュージシャンなど多方面で活躍。仏像マニア。「マイブーム」という造語を世に広めた。「ゆるキャラ」の名づけ親でもある。

「ネガティブ」だってヒーローになれる！

「不安でなかった日など1日もありません。あまりにも不安なときは、『不安タスティック！』と明るく叫んで、不安を感じないように自分を洗脳するほど、私は常に不安なのです」と、イラストレーターのみうらじゅんさんは言っています。不安だって個性なんです。

ある経営者向けのビジネスセミナーで、「社長業に向く10の項目」という10点満点のテストが行われました。5点以下だった人は「即刻経営者を辞めなさい。そのほうが、あなたにとっても、従業員にとってもしあわせです」と言われたそう。

しかし、ある社長さんは、なんと3点。完全に社長失格でした。

この3点だった社長こそ、売上高4200億（2017年）、100円ショップの草分けである「ダイソー」を率いる大創産業の創業者・矢野博丈さんです。

「私なんか、今日の昼飯でさえ何にしようかと、よう決められんのに、決断力なんてあるはずがない」

矢野さんはいつも不安に苛まれ、経営のことを考えると、週に2、3日は眠れなくなる。店舗が増えるのが怖くて「出すな。出すな」と言う。好きな言葉は「自己否定」と「しかたがない」（笑）。

でも、ネガティブだからこそ、常に次の手を打ち、時代の波に乗ることができた。まさに不安（ファン）タスティック！

矢野さんは自分のネガティブな部分をちゃんと受け入れているのです。

ダイソーを始める前の矢野さんは、1億円の借金を背負い、職を転々とし、倒産した会社から在庫を仕入れるバッタ屋を営んでいました。そんなある日、忙しくて商品に値札をつける暇がなく「100円均一」とつけたら大ヒット！どんなにネガティブであろうと、自分に合ったやり方で成功できることを、矢野さんの生き様は証明してくれました。矢野さん、勇気をありがとう！

やってみよう！

あなたのダメなところを全部ノートに書き出そう。次にその隣に「だからこそ、○○する」とそのネガティブを攻略する方法を考えてみよう。

たとえば、優柔不断だからこそ、大事な決定は妻に相談する。すぐに眠れなくなるからこそ、読む本をテーブルに置いておく。不安だからこそ、人生をファンタスティックに変えていけるのです。

MEIGEN

6

人生の大目的は
知識ではなくて
行動である。

▼トマス・ヘンリー・ハクスリー（生物学者）

▶トマス・ヘンリー・ハクスリー

《Thomas Henry Huxley、1825-1895年》イギリスの生物学者。海軍病院に勤務、船医として自ら海に出て海産動物研究に努めた。『種の起源』を発表したダーウィンをいち早く支持し、論争に参加した。

知識は行動に移して初めて知恵となる

おじいさんは山へ芝刈りに、おばあさんは川へ洗濯に行きました。ある日、おばあさんが川で洗濯していると、桃が、どんぶらこ、どんぶらこと流れてきましたが、おばあさんはムシしました。完!

この世界一短い昔話は(笑)、とても大切な真理を示しています。自ら動かなければ、そこで終わり。人生というドラマは始まらないと。

たとえば「親孝行するといい」とよく言われます。では、本書を読んでいる何人の人が胸をはって「私は親孝行しています!」と言えるでしょう? じつは、結果が出る人と、出ない人の違いはここにあります。

みんな、やればいいことをもう薄々知っているんです。

でも、やっていない。

やればいいなと思っていることを実際に行動に移した瞬間に「知る」から、「分かる」になる。

行動に移した瞬間に、過去の自分と「分かれる」。それが「分かる」ってことです。分かったら、古い自分と分かれる。

だから、「行動に移す」=「本当に分かる」=「新しい自分」となります。

20代で数十億稼いでいるある経営者さんに、僕の『3秒でハッピーになる名言セラピー』を読むのに1年かかったと言われたことがあります。読もうと思えば1時間で読める本。でもその人は、読んでいるうちにやりたいことが浮かんできて、そのたびに本を閉じて行動したので1年かかったと。「行動ありきの読書」なんですね。

最後にもうひとつ名言を。

「一歩を踏み出せるなら、もう一歩も踏み出せる」

トッド・スキナー(フリークライマー)

行動して1の扉をひらいたとき、はじめて、2の扉はあなたの前に姿を現してくれるのです。

やってみよう!

この本を読み進むなかで、あなたの心が「何をしたくなったか」をちゃんと観察しながら読もう。
この本の言葉をふと誰かに教えてあげようと思ったら、すぐにその人に電話する。あなたがふと思ったことを行動に移す。
じつは、人生ってそれだけで大きく変わっていくんです。

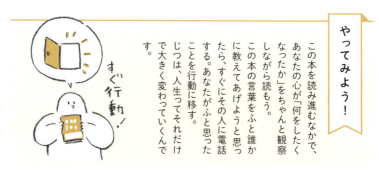

MEIGEN

7

くたびれた服は
着る人も、くたびれさせる。

▼押田比呂美（スタイリスト）

出典『Precious 2006年2月号』（小学館）

▶押田比呂美

《1957年-》日本のスタイリスト。多くの雑誌でファッション特集、表紙を担当。『Oggi』『Domani』などでは創刊時から中心的スタイリストとして参加。大人の女性の魅力を引き出すエレガントなスタイリングは、多くの女性から支持を得ている。

服が「服にふさわしい一日」と出逢わせてくれる

いい気分は、いい現実を引き寄せます。では、いい気分をつくってくれる一番カンタンな方法は？　それは服を変えることです。

かの有名デザイナー、イヴ・サン・ローランも言っています。

「服装は生き方である」と。

衣食住。トップバッターには、生命の礎となる「食」がきそうなもの。なぜ「衣」が一番先にくる栄誉を授かったのか？　「服従」。気分は服に従うからです。

心を変えたいなら、心以外を変えること。それが最速です。

僕のセルフイメージが大きく変わり始めたきっかけも、服でした。そして、ものづくりの精神を教えてもらったのも服から。デザイナーの宮下貴裕さんのインタビューを読んだとき、服作りにこんなにも人生を捧げている人がいるんだと感動し、お店でジャケットに袖を通した瞬間、驚愕。ジャケット一着で、ここまで気分が上がるんだ、と。以来20年近く、宮下さんの服を着なかった日は1日もありません。宮下さんデザインのあるスプリングコートは、カッティングが独特。どうしてこんなカットなんだろうって思っていたら、風に吹かれたときにわかりました。

「そうか。このスプリングコートは春風を受けたときに、最高にかっこよく風になびくようになってるんだ！」

風もデザインの一部なんです。

服が気持ちをつくってくれます。ナポレオンが**「人はその制服通りの人間になる」**と言った通り。だから、まず服から変えよう。

作家の宇野千代さんだって、**「おしゃれは、人としての義務でもある」**と言っています。おしゃれは、自分のためでもあるけれど、むしろ、自分に接する人たちの眼に気持ちよく映るようにと思ってするものなのですから。

やってみよう！

トップスタイリストの押田比呂美さんはこんなことも言っています。

「私は〝自分へのご褒美〟と思って何かを買うのは大嫌い。大きな買い物をするのは、これからの試練を一緒に戦う勇気をもらうため。必ず先にある何かのために、買うのです」

さあ、未来をともにする戦友を買いに今日は出かけよう。

MEIGEN

8

ほんとうの敵は
自分自身だ。

▼アベベ・ビキラ（陸上競技選手）

出典『革命の言葉』「人生の言葉」編集部（日本ブックエース）

▶アベベ・ビキラ

《Abebe Bikila、1932-1973年》エチオピアの陸上競技選手。オリンピックのマラソン種目で史上初の2大会連続優勝を果たし、2個の金メダルを獲得した。

本当の敵は、自分の「思い込み」

「死ぬのが怖い」と悩んでいるおばあちゃんがいました。このおばあちゃんに、僕が初めて入社した会社の社長は、こう伝えていました。

「おばあちゃん、人は死なないと困るんだよ」

おばあちゃんは、意味がわからずポカンとしていました。

「おばあちゃん、200歳まで生きたと想像してみて。友だちはみんな死んでるよ。あなたのお子さんも死んでるし、お孫さんも死んでる。200歳まで生きたらひとりぼっちだよ。それでも死にたくない？」

すると、おばあちゃんは笑いながら「死にたい」と言いました（笑）。

「問題を深刻にしているのはいつだって自分なんだよ。
だから笑ったらそこで終わり」

社長は僕にそう教えてくれました。犯人は自分ってわけです。

たとえば、子どもが不登校だと悩んでいるのは、「学校に行かなければならない」という価値観があるからです。その価値観に「それってほんと？」って問うてみるんです。昔の日本には、子どもが学校に行こうとすると「農作業を手伝いなさい」と怒られた時代さえありました。

敵は、自分の「こうであらねばならない」という「思い込み」であり「信念」なんです。

それをひとつ手放すことができたら、世界から敵（不安や恐怖）はひとつなくなります。「こうであらねばならない」という「正義」が、世界に「敵」を生み出すんです。

やってみよう！

僕の友人が、ある人に嫌われたと、暗い気持ちになっていました。それは「嫌われてはいけない」という思い込みがあるから。そこに気づいた友人は「あの人に嫌われたら出世する」という法則を勝手に作ってみた（笑）。

「あの人に嫌われたら出世する」と何度かつぶやいたら、無視されるのが気にならなくなり、むしろ、その人から親しく話しかけられると、「あ、出世できなくなる」と残念な気持ちになるほど効き目があったそう。

君も、こんなユニークな法則を作ってみない？

MEIGEN

9

あなたは
「不自由」になれるほど
自由である。

▼バシャール（地球外知的生命体）

出典『人生に奇跡を起こすバシャール名言集』
ダリル・アンカ、本田健（解説・翻訳）（ヴォイス）

▶バシャール

《BASHAR》地球外知的生命体。オリオン座近くの惑星エササニ在住。
複数の意識が合わさったような存在。エササニ星人。
言葉や名前を持たず、テレパシーで意思の疎通を行う。
ハリウッドでヴィジュアル・エフェクトの仕事をしていた
ダリル・アンカ（1951〜）と交信している。

「自由」とは、自らに由る

「自由になりたい」「自分は不自由だ」と思い悩んでいる君へ。

それは、宇宙的存在、バシャールに言わせると、次のようになります。

「あなたは常に自由です。自由だからこそ、『自分は自由ではない』と自由に感じることができるのです。『自由に感じられない経験がある』のは、あなたには『自由に感じない経験をも選択する自由がある』ということ。そこまで、あなたは自由なのです」

僕の父は、教育に厳しい人で、僕は勉強しないことには家庭に居場所がなく、中学生のときから休日は1日8時間も勉強させられていました。

「だから僕は、性格が暗くなってしまったんだ」と、父を恨んでいたことさえあります。でも思い返してみると、弟のほうはさほど勉強せずに、友だちとよく遊びに出かけていて性格も明るかった。

あれれれ？　当時の僕は「勉強するしかない」と思い込んでいましたが、弟は普通に自分の意思で遊んでいた。しかも、勉強しなくても、弟は父から愛されていました（笑）。

なんと、勉強しないと家庭に居場所がないと思い込み、自由を制限していたのは僕だったんです。つまり、「勉強させられていた」のではなく、僕は「1日8時間勉強する」という不自由を自分で選んでいたんです。

不自由を選んでいることに気がつけば、不自由を手放すことだって選べた。気がつけば、選べるからです。

ちなみに、当時、なぜ僕は不自由を選んだのか。 僕にとって、父の言うことは絶対だったからです。それは恐れでもありますが、もっと深く見れば、それほど僕は、父を強く想っていた。そう、父が大好きだったんだ。

やってみよう！

次の言葉を今日から3週間、寝る前に自分に優しく伝えてあげよう。「人と違ったっていいんだよ」「もっと自分に素直に、ありのままに生きていいんだよ」「すべての人と仲良くできなくたっていいんだよ」「大好きな人に『大好き』って伝えてもいいんだよ」「弱い自分を見せたっていいんだよ」「嫌なことは断ってもいいんだよ」

MEIGEN

10

ノープロブレム

（で、何が問題？）

▼インド人の口癖

▶インド

世界2位の人口（約13億人）をもつ南アジアの国家。国民は、多様な民族、言語、宗教によって構成されている。公用語はヒンディー語、他にインド憲法で公認されている言語が21ある。近年は経済発展が顕著で、15年以内に中間層が人口の7割に達するとされる。

「問題」を「問題」と思うその心が問題だ

中3のうちの息子くん、めずらしく朝から勉強していました。

突然、「とおちゃん、オレ、わかった！」って言うんです。

「とおちゃん、あのね、テストで、時計回りか、反時計回りか聞かれた場合は、反時計回りと答えるとまず正解！」

君は朝から何を勉強してるのかな。で、もうひとつ気づいたらしい。

「比例しますか？ 反比例しますか？と聞かれたら、比例が正解！」

だから、君は朝から何を勉強してるのかな。

そんな息子の発言で最も衝撃を受けたのは、彼が英語のテストで0点を取ったとき。息子はこう言ったんです。

「自信あったんだけどね〜〜」

ないでしょ！！！　普通、0点取るときって、絶対、自信ないでしょ！

初めてインドを旅して食事したとき、お皿の上に数匹のアリンコが歩いていたことがありました。店員さんにお皿を替えてもらうよう頼んだら、思い切り爽やかな笑顔で「ノープロブレム」と言われました。それを問題だと思う君が問題だと言わんばかりに（笑）。

問題を「解く」という字には2つの読み方があります。「解く（とく）」。これは正解を出すことです。もうひとつは、「解く（ほどく）」。

これは問題そのものをほどくことで、問題を問題としない「それが何か？」という精神です。

「ノープロブレム」が口癖のインド人が、最も得意とする生き方です。

息子くんよ、君は0点でも、それが問題だと思ってないもんな。それは100点を取ることと同じくらい素晴らしいよ。

おまけのお話

その後の息子くん。「母ちゃん、オレ、高校受験に落ちても落ち込まないから母ちゃんも気にしなくていいよ」と。カミさんは「私が落ち込むわ！！！」って怒ってましたけどね。

しまいには、息子くん、「母ちゃん、オレ、高校行かなくても大丈夫」って。カミさんは「私が大丈夫じゃない！」ってやっぱり怒ってましたね（笑）。

問題を問題と思っていない息子くん。問題は、それは問題だと思った人がいる時点で初めて問題になります。

あなたの問題は、それ、本当に問題ですか？

MEIGEN

11

自分にないものは
求めなくていい。

▼藤原美智子（ヘア・メイクアップアーティスト）

出典『ＮＨＫ「トップランナー」の言葉』ＮＨＫ『トップランナー』制作班（三笠書房）

▶藤原美智子

《1958年-》日本のヘア・メイクアップアーティスト、ライフスタイルデザイナー。多くの雑誌や広告撮影のヘアメイクを手がけるほか、執筆、化粧品やファッション関連のアドバイザー、講演、TV出演などで幅広く活躍している。ラ・ドンナ主宰。

ないもの以外はすべてある！

「ここのうどんをぜひ食べさせたい！」と友人が連れて行ってくれたお店が、香川県にある「手打ちうどん　はりや」さん。こちらのお店の讃岐うどんを食べて驚きました。

「この、のどごし、これは刺身か！？」と。

これまで僕が抱いてきたうどんの概念をくつがえされました。うどんのコシがしっかりしていて、そのつるりとした新鮮な味わいが、まるで刺身かって思えるくらいとにかくハンパない。

同じく、うどんという概念をくつがえしてくれたのが、「伊勢うどん」です。「これは、ほんとうに、うどんか！？」ってくらい、のどごしがない。のどごし、まったくナッシング！（笑）。

伊勢うどんは、伊勢神宮に参拝する人たちにとってはおなじみのうどんで、三重県伊勢市を中心に食べられています。50分もかけて茹でるので、麺はゆるゆる、コシのかけらもない。でも、伊勢うどん、これはこれでいけるんです。消化にもいいし、とってもおいしい。

コシがあってもウリになるし、コシがないことだってウリになる。

つまり、キミはキミであればいい、ないものは求めなくていいってことです。

日本の三種の神器である、「鏡」「勾玉」「剣」。

共通点は何だと思いますか？

すべて磨くものです。

人生とは自分にないものを嘆くのではなく、自分にあるものをキュッキュッと磨いていくものなのです。

おまけのお話

僕は不器用すぎて、車の運転ができません。皿を洗わせたら、洗う前とさほど変わらない汚さを維持しています（笑）。機械モノにもうといので、いまだにテレビの予約録画ができません。整理整頓もできません。料理も苦手で、結婚して以来、全く役に立っていない。

僕のそんな部分を、カミさんがカバーしてくれたから、今があります。

僕ができることは2つだけ。カミさんに心から感謝することと、本を書くことだけです。

ないものは、ないままで幸せになれるんです。

MEIGEN

12

俺には成功か、
大成功しかない。

斎藤一人（実業家）

▶斎藤一人

《1948年-》日本の実業家。銀座日本漢方研究所（現・銀座まるかん）を創業。独自の人生観を持ち、それらを論じた人生訓・自己啓発に関する関連書籍などを出版している。総資産200億円。

結果を決めるのはいつも自分の心

いつもトップクラスの納税額で知られる斎藤一人さん。長年、一人さんの本を担当されている編集者の鈴木七沖さんから、一人さんのとびきりの言葉を教えてもらいました。それが右の言葉です。

一人さんは、なんと生涯で一度も失敗を味わったことがないのだそう。すごいですよね。でも実はそれは、こういうことでした。

たとえばクラシックバレエを30分習って挫折したとします。

それは、30分間習った分だけクラシックバレエについて語れるようになったということであり、それは、もう成功じゃないか、と。

そう考えたら、確かに「俺には成功か、大成功しかない」ですよね。

以前、僕が仲間と一緒に一人さんと会ったとき、一人さんが言いました。

「みんなね、私をすごい人、すごい人と言うけど違うんだよ」と。

あんなに成功しているのに、一人さんは謙虚なんだなって思ったら、「私はすごい人じゃなくて、ものすごい人なんだよ」と。

僕、こういうオチがあるの一番好きだからね（笑）。

でも、この言葉は、こんなふうに続いたんです。

「ものすごい人に会うってことは、波動共鳴の法則があるから、みなさんもすごい人なんだよ」

つまり、一人さんは、目の前の人を持ち上げるために、自分を「ものすごい人」と持ち上げていた。自分を持ち上げることすら、「優しさ」から。さすが累計納税額日本一の男はかっこいい。僕のようにね。

ほら、オチつけないと（笑）。

おまけのお話

人生には、成功か、大成功しかないように、人生には二通りの時間しかないんです。それは、幸せな時間か、学んでいる時間。

辛いときや、不幸なときは、学んでいる時間です。

もしくは、こう考えてもいい。人生には、ジャンプする時間と、そのために屈む時間しかない。

屈まないと、ジャンプできないですからね。

こんなふうにも言えます。

人生には、愛を表現するか、愛を深めるか、二通りの時間しかない。

哀しいときは、愛を深めているときです。

MEIGEN

13

僕の義務は猛烈に楽しむことだ。

▼オスカー・ワイルド（詩人・作家）

▶オスカー・ワイルド

《Oscar Fingal O'Flahertie Wills Wilde、1854-1900年》アイルランド出身の詩人、作家、劇作家。代表作に『幸福な王子』『サロメ』など。多彩な文筆活動行い、森鷗外、夏目漱石などにも影響を与えた。

日本のカミサマは困ったときに踊る

「神様は、どういう人が好きだと思いますか？」

ある有名な神社の神官さんの講演で、そんな問いが投げかけられました。神様は、どういう人が好きなんだろう？　きれい好きな人？　誰にでも優しくできる人？　あれこれ考えていると、その神官さんは言いました。

「神様は、面白い人が好きなんです」

意外な言葉に驚きました。なぜ神様は、面白い人が好きなのか。それは、「古事記」の岩戸隠れの神話に答えがあります。

スサノオという神様がやんちゃをしたせいで、太陽の神様であるアマテラスが岩のほら穴に引きこもってしまい、この世界が闇に覆われてしまったという「岩戸隠れの神話」。すねてしまったアマテラスは、何をやってもほら穴から出てきてくれません。困った神様たちは、なんと岩戸の前で楽しく踊り、お祭りをし始めた。すると、その楽しそうな笑い声につられて、絶対に出てこなかったアマテラスが岩戸から顔を出したのです。その瞬間、みなの顔（面）がいっせいに光で白くなりました。それが「面白い」の語源に。さらにそのとき、神々は手（た）を伸ばして（のし）、喜びを表現しました。それが「たのしい」の語源になった。

光が閉ざされ世界が闇夜になったときに、日本人は、踊り、楽しむなかで、光を取り戻しました。だから、神様は面白い人が好き。

そう、神様は、楽しんでいるあなたを見るのが好きなんです。

親が子を想う気持ちと一緒。どんな状況であろうと、僕らのたったひとつの義務は、面白がることです。

おまけのお話

世界各国の宗教の代表者が集う宗教会議で、ある社会哲学者が、日本の神道の宮司さんに質問をした。「私はたくさんの儀式に参加したし、神社も見学させていただいたが、そのイデオロギーがどうにもわからない。あなたがたがどういう神学をもっておられるのか理解できないのです」

要はニッポンの神は理解できんと。

答えはこうでした。

「イデオロギーなどないと思います。私どもに神学はありません。私たちは踊るのです」

ニッポンは神も踊る。

人もまた踊るのです。

第2章

夢をかなえる言葉

……「最高の未来」のつくりかた

MEIGEN

14

夢、これ以外に
未来をつくり出す
ものはない。

▼ヴィクトル・ユゴー（作家）

出典『Les Miserables』 Victor, Marie Hugo

▶ヴィクトル・ユゴー

《Victor, Marie Hugo、1802-1885年》フランス・ロマン主義の詩人、小説家。七月王政時代からフランス第二共和政時代の政治家。代表作に『レ・ミゼラブル』など。政治家としては死刑廃止運動や、教育改革、社会福祉などを主張した。

すべては、夢を持つことから始まる

「It' a SONY」で知られるソニーが、国産初となったテープレコーダーを開発したとき。最初にわかっていたのは、ごくごく原理的な部分だけでした。テープひとつとってみても、材料も、磁気の塗り方もわからない状況だった。

「テープのベースとしては、そのころの日本にはプラスチックがなかったので、まずセロファンで挑戦して失敗し、次に紙を考えました。問題は、紙に磁気の粉をどう塗るかです。マグネットを乳鉢でゴリゴリこすって粉にしたものを、ご飯つぶで塗ってみる方法をはじめ、ずいぶんいろいろ試しました」と、井深さんは著書の中で言っています。

はけで塗るには、仕上げはタヌキの胸毛がいいと聞き試してみたり。世界のソニーが、わざわざタヌキの胸毛まで試していたんです。結果は失敗でしたが、ナイストライ。

ソニーもテープレコーダーを作るときはド素人集団だった。

じゃあ、なぜ、ソニーはテープレコーダーを開発できたのか？

どうしても、テープレコーダーを作りたいという夢を持った人がいたからです。

どうして飛行機は生まれたのか？　ライト兄弟が空を飛んでみたいという夢を持ったからです。どうしてこの本は生まれたのか？　僕がいつか作家になりたいという夢を持ったからです。

パソコンも、机も、ペンも、メガネも、車も、身の回りにあるものは、すべてそれを作りたいという夢を持った人が、いたからです。

Made in Dream.

未来は君の夢でできている。

やってみよう！

自分のお気に入りの場所に行き、想像してみよう。この世界がどういうふうになったら理想的だろうか？

その未来で、あなたは何をしている気がしますか？

ムリに大きな夢を描く必要はない。未来であなたは何をしているのが自然な感じがするか、ぼんやりでいいので感じてみよう。

過去の延長からやるべきことを見出すのではなく、あるべき未来から想像して、今やるべきことを決めよう。

MEIGEN

15

私はよく人から
成功する秘訣を教えてほしいとか、
どうすれば夢を実現することができるか
と尋ねられます。
その答えは「自分でやってみる」ことです。

▼ウォルト・ディズニー（企業家・映画製作者）

出典『ウォルト・ディズニー　夢をかなえる１００の言葉』
ウォルト・ディズニー（ぴあ）

▶ウォルト・ディズニー

《Walt Disney、1901-1966年》アメリカ合衆国のアニメーター、映画監督、プロデューサー。世界的なアニメーションキャラクター「ミッキーマウス」の生みの親。「人々に幸福を与える場所、大人も子どもも、共に生命の驚異や冒険を体験し、楽しい思い出を作ってもらえるような場所」としてディズニーランドを開設。

走りながら考えよう

ウォルト・ディズニーは、2人の娘を連れて、よく遊園地に遊びに行っていました。あるとき、娘たちが回転木馬に乗って楽しんでいるのに、自分はベンチでぼんやり待っているという状況に気がつきます。

「なぜ、親と子が一緒に楽しめる場所がないんだろう？　ないなら、つくるべきじゃないか。誰が？……そう思った私が、自分でやってみるしかないのではないか？」

「そうだ。誰もが楽しめる、誰も見たことのない遊園地を私が作ればいいのだ」

そう決意したのは、彼が30代のとき。そこからコツコツその遊園地を頭の中で描き始めました。まずは「ミッキーマウスパーク」と名前をつけた（最初のネーミングです！）。次に、頭の中で完成予想図を詳細に絵にしていく。そしてここから、なんと20年の歳月をかけて、彼の頭の中で作りあげた絵を、現実に創造していったのです。ついに1955年、カリフォルニア州アナハイムに夢の王国ディズニーランドが姿を現しました。ウォルト54歳のときです。

誰だって最初はシロウトです。最初はやれるかどうか考えたら、やれない理由ばかり見つかります。

でも、大切なのは、心がやりたいと思っているかどうか。心がときめいているかどうか。

あとはやりながら考えればいいんです。走りながら考えるんです。技術やアイデアや資金や人脈は、全部あとからついてきます。

やってみよう！

僕は作家になる前はコピーライターで、その前は営業マンでした。人見知りだった僕は、会わずに売る方法を考えた挙げ句、通販カタログを写経のように書き写し、文章の書き方を独学で学び、広告が作れるようになった。そのおかげで、作家にもなれた。

最初からプロだった人はいないんです。まず、やってみると、何が足りないのかわかる。学ぶのはそこからでいい。さあ、あなたの夢、やってみたいこと、それができない理由を紙に書き出して、その紙を破り散らしましょう（笑）。

MEIGEN

16

人間を堕落に導く
最も大きな悪魔は
自分自身を嫌う心である。

▼ゲーテ（詩人・劇作家）

出典『ファウスト』ゲーテ、高橋義孝（訳）（新潮社）

▶ヨハン・ヴォルフガング・フォン・ゲーテ

《Johann Wolfgang von Goethe、1749-1832年》ドイツの詩人、劇作家、小説家。代表作に『若きウェルテルの悩み』『ファウスト』など。ドイツ文学における古典主義時代を築く。

旅は、正しい「現在地」からスタートする

夢が叶わない理由はズバリ「自分自身を嫌う心」です。カーナビに行きたいところを入力しても、「目的地」には着きません。「現在地」も入れなければたどり着かないんです。

では、あなたの人生にとって、「現在地」とはどこでしょう？

それは、あなたが本当に感じていること、今現在の「本音」「本心」です。今寂しいなら、寂しく感じていることが、まぎれもないあなたの現在地なのに、「そんな自分はダメだ」と責めるから、現在地がブレる。寂しいなら、「あ、今、私は寂しいんだな、よし、よし」でいいんです。

ありのままの自分の本音を、まず自分で認めてあげれば、現在地がマイナスからゼロに戻り、足場ができます。

ゼロに戻れば、徐々に自分の「本当の願い」が見えてきます。

親の期待に応えようとしたり、誰かのものさしで「やらなければいけない」「やるべきだ」などと思っているのが、他人軸。その「ニセの目的地」が剥がれ落ちると、「心からやりたい」と思える、本当の夢の「目的地」が見えてきます。**その「本心の願い」こそパワフル無限大。**なぜなら、本当にやりたいからです。

再びゲーテの言葉を借りるなら、**「自分を信頼し始めるその瞬間にどう生きたらいいかわかる」**ということ。

自分のネガティブ部分を認め、ゆるしたとき、自分の闇と光の統合が起こり、まるごとの自分が復活します。

あとは、自分の本心に素直に耳を傾け、それを実行に移し続けていけばいいだけです。すると、自分の全細胞がめちゃめちゃ喜びます。

やってみよう！

モヤモヤした感情を素直に抱きしめる魔法の言葉を紹介します。

たとえば、「なんで私は、すぐ人に嫉妬してしまうんだろう」と自分を責めてしまうときは、「嫉妬してしまう自分ってかわいいな～」というように、最後に、「という自分はかわいいな～」と加えるだけ(笑)。

モヤモヤした感情も、ちゃんと認めてあげましょうね。いいも悪いも全部の自分で勝負しよう。

MEIGEN

17

星に馬車をつなげ。

ラルフ・ワルド・エマーソン（思想家・哲学者）

▶ラルフ・ワルド・エマーソン

《Ralph Waldo Emerson、1803-1882年》アメリカ合衆国の思想家、哲学者。無教会主義の先導者。個人主義を唱え、米文化の独自性を主張。講演者や演説家としてアメリカの知的文化を先導する発言者となった。

上を向いて歩こう

「星に馬車をつなげ」(Hitch your wagon to a star)

僕が高校生のときに通っていた塾で出会った西きょうじ先生は、この名言を解説するのに、アメリカのキング牧師の演説『私には夢がある』を例にあげていました。

キング牧師は子どもの頃に、一緒に遊んでいた白人の子どものお母さんから、「黒人とは二度と遊ばせない」と言われてしまいます。キング牧師の目の前には、「黒人差別」という馬車のように重い現実がのしかかりました。しかし、それに屈することなく、「それでも私には夢がある」と、その厳しい現実を空高き希望(星)に結ぼうと、一切抵抗しない非暴力運動で立ち上がったのです。彼は言いました。

「私には夢がある。いつの日にか私の子どもたちが肌の色ではなく人格によって判断される国に住める日が来るという」

「私たちには今日も明日も困難が待ち受けているが、それでも私には夢がある」

さらにキング牧師は、「人の真意がわかるのは、喜びに包まれている瞬間ではなく、試練に立ち向かうときに示す態度によってだ」とも言いました。

馬車は普通、「地上の馬」(現実的なもの)につなぐものです。

しかし、それを「天空の希望」に結ぼうとする心意気。「試練なにするものぞ」という気概です。

天空に届くかどうかは神のみぞ知るわけですが、それよりも、天空を目指して歩む一歩一歩にこそ、すごい価値があるのです。

重苦しい現実を、天空の星につなげ。

おまけのお話

「面白きこともなき世を面白く」

これは幕末の革命家・高杉晋作の辞世の句です。

「面白くもなんともない、重苦しい現実を、俺は面白おかしく生き抜いたぜ」という思いだったのでしょう。

そして、「おまえはどうだい?」と問いかけてくる句です。

さあ、君は人生の最後にそう言えるだろうか?

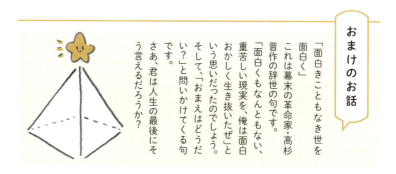

MEIGEN

18

前へ。

▼北島忠治（ラグビー監督）

出典『「前へ」明治大学ラグビー部　受け継がれゆく北島忠治の魂』明治大学ラグビー部（カンゼン）

▶北島忠治

《1901-1996年》日本のラグビー監督。1929年から67年間、明治大学ラグビー部の監督を務めた。明大ラグビー部十訓を作り上げ、「前へ」と言い続けた。厳しくも温かい人柄であった。

うしろには夢がない

なぜ、僕らの目はうしろについていないんでしょうか？

なぜ、僕らの耳はうしろに向いていないんでしょうか？

なぜ、僕らの鼻はうしろについていないんでしょうか？

前を向いて、目の前の人の話を聞いて、目の前の空気を吸いなさいと、体はあなたに教えてくれている。

体は前向きに生きたがっているのです。

1929年から95歳で亡くなるまで、67年にわたり、明治大学ラグビー部を監督として引っぱり続けた北島忠治さん。ラグビー部寮が火災で燃えたときは、自宅を売って再建したそうですから、まさに北島さんの人生は、明大ラグビー部と共にありました。

その北島さんが言い続けた言葉が、明治ラグビーの“精神”になりました。それが「前へ」です。

漢字も教えてくれています。人生の「当たり」は「目の前」にあると。それが「当たり前」です。大切なことは前にある。これが本当の当たり前なんです。

困ったとき、前をよく見て、目の前の人の話をよく聞いて、目の前のことを全身で感じてみてください。

そのうえで自分の感じるほうに、一歩前へ。

北島さんはこうも言っていました。

「ボールを持っている人間がリーダーだ」

そう、君の人生、君がリーダーだ。ボールを持ったら躊躇するな。自分の判断に従え。逃げたりためらったりしなければ失敗してもかまわない。それが北島スピリットです。ちなみに北島さんの臨終の際の最後の言葉は「明治、前へ……」でした。

「ふりむくな　ふりむくな　うしろには夢がない」寺山修司（劇作家）

おまけのお話

あなたの目の前には、全宇宙が広がっています。夜空に浮かぶ月の光。あの光は、1・3秒前の光です。月の光が地球に届くまでに時間がかかるから。同様にさそり座は5000光年離れていますから、5000年前の光を見ていることになります。つまり、目の前には、宇宙の全歴史の光があるわけです。宇宙の全歴史というキャンバスを前に、君の一歩を刻もう。

MEIGEN

19

迷った時ほど遠くを見よ。
近くを見れば見るほど船酔いする。
あらが見えてくる。遠くまで見てみると、
実はそんなものは誤差だとわかる。

▼孫正義（実業家）

出典『孫正義名語録』三木雄信（SBクリエイティブ）

▶孫正義

《1957年- 》日本の実業家、資産家。ソフトバンクグループの創業者。「20代で名乗りを上げ、30代で軍資金を最低で1,000億円貯め、40代でひと勝負し、50代で事業を完成させ、60代で事業を後継者に引き継ぐ」という人生50ヵ年計画の実現に向けて走り続けているという。

夢は通過点になったとき、あっさり叶う

通算868本塁打の世界記録を持つ王貞治さん。その王さんが、選手時代、本塁打数が699本、あと1本で700本と迫ったときに、ものすごく大きなスランプに陥った。「あと、1本」という焦りからホームランを打てなくなってしまったのです。

700本目を期待して、毎日大勢のファンが球場に足を運んでくれるのに、期待に応えられない。なぜ、打てない？

打てない日が積み重なるにしたがって、王さんの苦しさも増していった。夜も眠れず、食事の味もわからなくなったそう。

そんなときに、王さんに古武術を教え、「一本足打法」の生みの親ともなった、気の達人・藤平光一さんがアドバイスをしてくれました。

その翌日。

スコ――――――――――――――――――――ン！

700本目のホームランをかっ飛ばしたのです。藤平さんはなんと言ったのか？

「あと1本で、700本じゃなくて、あと101本で、800本って考えてみればいい」とアドバイスしたのでした。

王さんは、この言葉を聞いた後からホームランラッシュが続き、ついにはベーブ・ルースの記録を塗り替えました。

目先のことにだけ意識がいってしまうと、そこまでしか「気」が通らないということです。

100キロ先まで見れば、100キロ先まで気が通る。

夢は通過点になったとき、あっさり叶っちゃうのです。

やってみよう！

あなたの叶えたいこと、
その先の夢は？
さらにその先は？
さらにその先は？
さらにその先を想像して、
ニヤニヤしよう。

MEIGEN

20

自分の人生の目的にかなう活動をせよ。

▼レオナルド・ダ・ヴィンチ（芸術家）

▶レオナルド・ダ・ヴィンチ

《Leonardo da Vinci、1452-1519年》イタリアのルネサンス期を代表する芸術家。音楽、建築、数学、幾何学、解剖学、生理学、動植物学、天文学、気象学、地質学、地理学、物理学、光学、力学、土木工学など様々な分野に顕著な業績と手稿を残し、「万能人」という異名を持つ。

その夢の「本質」をつかもう

お金がほしいの？　その目的は何？　自由になりたいから？

だったら1日30分でもいいから自由な時間を自分にプレゼントすることから始めるといいよ。

家を建てたい？　その目的は？　家族を幸せにしたい？

だったら今日から家族の話を15分でも聞くことから始めるといいよ。

甲子園で優勝したい？　目的は？　お母さんを喜ばせたい？

だったら食後の皿洗いを手伝うことから始めるといいよ。

ある日、僕の友人であるタクシードライバーのまことさんが、「僕もひすいさんみたいな講演家になりたい」と、そっと打ち明けてくれました。僕は彼に言いました。

「講演家の本質って何だと思う？　人の心を明るくすることだよね。それはタクシーの中でも今日からできる。たとえば、乗ってくれたお客さんに名言カードみたいなものを書いて、プレゼントしたら？」と。

彼は、早速名言をカードに書き、タクシーの中で渡す活動をし始めました。すると、あっというまに大人気タクシードライバーに。ついには、夢だった講演の依頼まできた！

あなたの夢の目的（本質）は何だろう？その目的を把握し、先に行動に移しちゃうことが、実は、夢が叶う近道なのです。

さあ、夢の「目的」を、今日叶えよう。

おまけのお話

僕が通っているヘアサロンに、新人さんが入ってきました。「なぜ美容師になろうと思ったんですか？」と聞いたところ、彼女はしばらく考えたあと話してくれました。

「子どもの頃、お母さんがどんなにイライラしていても、美容院で髪を切るとご機嫌になるのを見たのがきっかけです」

僕が「お母さんを喜ばせたいという思いが原点なんですね」と伝えると、彼女は自分の中にあるお母さんへの愛に、改めて気がついたようでした。

動機（目的）の背後には必ず愛があるのです。

MEIGEN

21

The main things is to keep the main thing the main thing.

（最も大切なことは
最も大切なことを
最も大切にすることである。）

▶スティーブン・R・コヴィー（経営コンサルタント）

出典『First Things First』Stephen R. Covey（Free Press）

▶スティーブン・R・コヴィー

《Stephen Richards Covey、1932-2012年》アメリカ合衆国の作家、経営コンサルタント。『7つの習慣』が大ベストセラーとなり、2002年、『フォーブス』誌の「もっとも影響を与えたマネジメント部門の書籍」のトップ10にランクインする。

心のど真ん中にある、ゆずれないものは何か

その男は知りたいことが山のようにあり、読みたい本が山のようにあった。そこでその男は、食事を1日1食と決めた。会社に着ていくスーツは10年間同じ1着で通した。そして残ったお金で本を買い続けた。それでもまだまだ知りたいことはたくさんあった。その男は、あろうことか、本を買うために消費者金融に頼り、ずっと欲しかった博物学の古書に手を出した。古書は高い。その男は1億4000万円の借金を背負った。

しかし神様は、その男を見捨てなかった。膨大な知識は、その男に、テレビや雑誌などのメディアに登場する機会を与えてくれた。そうして書き上げた書籍『帝都物語』に対し、印税1億5000万円が振り込まれた。そう、ほぼピッタリ古書の購入で負った借金と同じ額。

これで、めでたく借金を返済！

この世界はよくできています。自分の心のど真ん中に素直に寄り添っていけば、ちゃんと天は応援してくれる。天は優しいんです。さて、その男の名は？

荒俣宏さんです。今まで書籍に費やした額は約5億円だそう。

知りたい！　そのためならスーツは1着でいい。

知りたい！　そのためなら食事も1日1食でいい！

彼は、自分にとっての「幸せ」が、はっきり見えていました。「知る」ことこそ、人生で最も優先順位の高い大切にしたいものだった。

自分にとって、最も大切なことを最も大切にして生きることができたら、そこにもう後悔（不幸）はありません。

そして、人は、最も大切にしたものから、大切にされるのです。

あなたにとって最も大切なことは何でしょうか？

それを一番大切にしよう。

おまけのお話

荒俣宏さんは、仕事でロンドンへ行った際に、国際電話で元客室乗務員の原泰子さんにプロポーズしようとした。しかし、彼女は不在。彼はどうしたのか？　なんと留守電に、「プロポーズしようと思って電話したんですが、いらっしゃいませんでした」と入れておいたとか。最も伝えたいことを、最も早く伝えたかったんでしょうね（笑）。

MEIGEN

22

人は自分自身については
暗闇の中にいるのも同然です。
自分を知るには
他人の力が必要です。

▼カール・ユング（心理学者）

▶カール・ユング

《Carl Gustav Jung、1875-1961年》スイスの精神科医・心理学者。
深層心理について研究を行う。個人的な無意識にとどまらず、
個人を超え人類に共通しているとされる集合的無意識（普遍的無意識）
を含んだ分析心理学（ユング心理学）を創始。
心理臨床において夢分析を重視した。

みんなでみんなの夢を叶えるという発想

僕らはどんなにがんばっても、自分の瞳を自分では見ることはできません。つまり、自分ひとりでは自分のことはわからない、ということ。

ある絵描きさんの悩み相談に乗っていたときのこと。

「絵を描くとき、何を大切にしてるんですか？」と聞くと、彼は「自分を超えることです」と言いました。

「じゃあ自分を超えていないって思った作品をお客さんが気に入り『欲しい』と言われたらどうします？」と聞いたら、「それはもちろん売ります」と言います。

そこで、「お客さんが喜んでくれるかどうかに、自分を超える、超えないって、関係あるんですか？」と聞くと、「あ、そう言われると、関係ないですね」と。

さらに続けて「そもそも、自分を超えるとは、どういうことなんですか？」と聞くと、「そう言われてみると、何でしょうね」と（笑）。

「自分を超える」と言葉では言っていても、それがどういう状態なのかあやふやなので、そもそも自分を超えようがないんです。

でも、みんなそんなもんです。

自分ひとりでは、なかなか自分のことに気がつくことができない。そこで僕はどうしたかというと、3人の仲間を作った。「定例会」と称して、毎月1回集まり、自分の悩みや本音、夢をシェアし合い、4人でそれぞれの人生を応援しながら一緒に成功していこうと。すると4人全員の夢が3年以内に叶ってしまいました。

助け合えば、簡単に新しい自分になれるのです。

やってみよう！

僕も「定例会」の仲間に応援されて作家になれたし、仲間のひとりの菅野一勢さんはプータローから年収1億円にまでなった。驚くほど、みんな変わることができた。

さあ、今日は、仲間3人に声をかけて居酒屋に行き、悩みや夢、本音を語り合い、感じたことを伝え合おう。2時間ならひとり30分ずつ話し、感じたことをシェアし、応援し合う。

ハンカチの両隅をつまんで持ち上げると、他の隅も全体が一緒に上がっていきます。そんなふうに、一緒に成長していけばいいんです。

MEIGEN

23

誰だって、
ほんとうにいいことをしたら、
いちばん幸せなんだね。

▼宮沢賢治（詩人・作家）

出典『銀河鉄道の夜』宮沢賢治（新潮社）

▶宮沢賢治

《1896-1933年》詩人、童話作家。仏教（法華経）信仰と農民生活に根ざした創作を行う。代表作に『注文の多い料理店』『雨ニモマケズ』『銀河鉄道の夜』『風の又三郎』など。生前は一般には知られず無名に近かった。

誰にとって、どんな存在でありたいか

あのマザー・テレサにこんな質問をした人がいます。

「あなたがどこの国に行こうが、大統領にすぐに会える。そこで『寄付して下さい』と言えばお金は集まるのに、なぜ、それをしないのですか？」

マザーは次のように答えました。

「その時間があれば、目の前の患者さんを一生懸命みてあげたいのです」

「でも、マザー。何をしても死んでいく病気の人たちに、なぜそこまで一生懸命なのですか？」

「このままでは彼らは『生まれてこなければよかった』と思って亡くなることでしょう。しかし彼らに『生まれてきてよかった』と一瞬でもいいから思ってもらいたいのです」

マザーは、自分のやりたいことから、まったくブレていなかった。

彼女の一番の目的は、目の前の貧困に苦しむ人たちに「生まれてきてよかった」と思ってもらうこと。そこにすべてを捧げていました。

僕はコピーライターの仕事もしています。どのように広告を作るかというと、ゴールを決めることから始めます。広告におけるゴールとは、「誰に（どんなお客さんに）、何と言ってほしいのか？」を具体的に決めることに尽きます。人生も一緒です。

誰にとって、どんな存在でありたいかが定まると、生きる目的がブレなくなります。

そしてそこに向かって毎日歩いていくことこそ、本当の幸せへの道なのです。

やってみよう！

今まで、「これは幸せだったなー」という場面を、思いつく限り書き出してみよう。

そして、そこに共通点を探してみよう。自分が幸せを感じるポイントがわかれば、幸せになる「マイ・レシピ」がつくれます。

あなたはどんな人の力になりたいのか？

誰を笑顔にしたいのか？

誰にとって、どんな存在として生きられたら、本当に幸せなのか、友だちを誘ってお互いにシェアしてみよう。

ひとりで考えるよりも、話し合うことで、より深い答えが出てくるよ。

MEIGEN

24

自己に執着すればするほど、
人は真の自己を失う。
自己をなくせばなくすほど、
人はその人自身になる。

▼ミヒャエル・エンデ（児童文学作家）

出典『エンデのメモ箱』ミヒャエル・エンデ、田村都志夫（訳）（岩波現代文庫）

▶ミヒャエル・エンデ

《Michael Ende、1929-1995年》ドイツの児童文学作家。代表作に『モモ』『はてしない物語』など。日本と関わりが深く、1989年に『はてしない物語』の翻訳者である佐藤真理子と結婚した。

ゆるんだ人からうまくいく

以前「クリスマスまでに彼女をつくりたいんですが、そういう名言はないんですか？」と聞かれたことがありまして、そんな名言あるわけ、あるんです！（笑）

小林正観さんの講演会で教わったお話をご紹介しましょう。あるところに、スプーン曲げがバンバンできる少年がいました。じつは、スプーン曲げのコツと恋人ができるコツは一緒。さてその少年は、スプーンを曲げるとき、どんなことを思っているでしょうか？

① 何がなんでも曲げてみせる！

② 曲がりました。ありがとうございます。

③ 俺はできる、できる、できる。もう、曲がるに決まっている！

あなたはどれだと思いましたか？

はい。残念ながらハズレ。答えは④の「曲がらなくてもいいけど、曲がってくれるとうれしい」です（笑）。結果に執着せず、気楽にしているときに、なぜかもっともスプーンはスイスイ曲がってくれるのだそう。

仕事の目標や夢も一緒です。何かを叶えたいとき、結果への執着を手放して、気楽に進むことが、夢の実現への近道なんです。

「彼女はいなくてもいいけど、いてくれたらうれしいな」

これこそ、彼女ができる名言。彼女がいない現在をも受け入れ、肯定していることになるからです。風船に♥をかいて膨らませたら、その♥は大きくなります。今に「イエス」を出すことが、未来の「イエス」を引き寄せる秘訣なのです。

おまけのお話

多くの神社が「ご神体」として鏡を祀っています。「かがみ」、それは、自分が自分がという「が」(我)を抜くと、「かみ」(神)になると教えてくれています。

小林正観先生は、人生を楽しむ方法として「自我＋おまかせ＝100」という方程式を示されました。自我が80なら、天のはからいは20しか働かないということです。

自我を手放せば手放すほど、天のはからいが100に近づき、逆にすごく自分らしくなるという矛盾が、人生には不思議と生じるのです。

MEIGEN

25

神様は隣の人に
電話をかけてきている。
隣の人を手伝えば、
神様にめぐりあえる。

▼中谷彰宏（作家）

出典『人を許すことで人は許される』中谷彰宏（ＰＨＰ研究所）

▶中谷彰宏

《1959年-》日本の作家、俳優。84年、博報堂に入社し、CMプランナーを務める。91年、独立、(株)中谷彰宏事務所を設立。著書は800冊を超える。「中谷塾」を主宰し、全国で、セミナー・ワークショップ活動を展開。

あなたの幸せが、私の幸せ

「僕に応援させてもらえませんか？　お金はいりませんから」

僕がそう声をかけたのは、あるセミナーの懇親会で夢を語っていた人。彼は友人とおそうじ会社をやっていて、会社をきれいにすると、会社の人間関係が変わったり、売り上げが上がったりすることがわかってきたと言うのです。すごく面白いお話だったので、「本になるんじゃないですか？」と聞いたところ、いろいろな出版社さんに提案したけれど、ダメだったとのこと。

でも、僕は彼のお話にワクワクしたので「協力させてください」と申し出た。当時、僕は通販会社の会社員でしたが、一生懸命企画書を書いて、おそうじの本を出してくれる出版社を探しました。すると、見事出版社さんが見つかり、本が出た！

舛田光洋さんの『夢をかなえる「そうじ力」』（総合法令出版）という本です。関連シリーズ累計200万部を突破し、おそうじブームの先駆けとなりました。まさにおそうじブームの陰に、ひすいあり。誰も言わないので、せめて自分で言わないとね（笑）。

そして、舛田さんを見ていたら、僕も「作家になりたい」という願いが湧いてきたんです。しかも彼のようなベストセラー作家に。普通の会社員がベストセラー作家を目指すなんて、普通はリアリティがないと思います。でも僕は、彼のおかげで、「やれる」って思えました。僕が作家になれたのは彼のおかげです。中谷彰宏さんの言う通り、隣の人を応援すれば、そこで、神様にめぐりあえるのです。

やってみよう！

夢を持っている人は、人口の20%くらいだそう。つまり、80%の人は、明確な夢を持っていないということ。でも、それでも大丈夫です。

夢がないときは、夢を持っている人の応援から始めればいいのですから。

そこで、あなたの神様と出会うことができます。

ちなみにうちの中3の息子に夢を聞いてみました。

「え!?　オレの夢？　オレの夢は一生実家暮らし！」

あら〜。

息子の夢、叶いませんように（笑）。

MEIGEN

26

宝物を見つけるためには、
前兆に従って行かなくてはならない。
神様はだれにでも行く道を
用意していて下さるものだ。
神様がおまえに残してくれた前兆を、
読んでゆくだけでいいのだ。

▼パウロ・コエーリョ（小説家）

出典『アルケミスト―夢を旅した少年』パウロ・コエーリョ、山川紘矢 山川亜希子（訳）（角川書店）

▶パウロ・コエーリョ

《Paulo Coelho、1947年-》ブラジルの作詞家、小説家。代表作に『星の巡礼』、『アルケミスト - 夢を旅した少年』など。2007年のアンデルセン文学賞など、世界中の国々から様々な文学賞を受賞。妻のクリスティーナと共にリオ・デ・ジャネイロに在住。

目に入るものすべてが「サイン」

大ヒット映画『君の名は。』(監督 新海誠、東宝、2016年)は、主人公が未来の情報を受け取るお話ですが、**僕らも未来からのサイン(兆し)を見逃さないことが大切です。**

学生時代、僕が東京で一人暮らしをしていた頃、友人が、ある会社を紹介してくれました。訪問したところ、その会社の社長さんが「うちに来るかね？」と言ってくれたので、僕は、何をしている会社かわからないまま「はい」と即答。何をしているかわからない会社に就職を決めるなんて、無謀のように思えますが、僕は「未来の兆し」を感じたのです。

その会社は東京にありましたが、本社が僕の故郷、新潟にあるという偶然。しかもパッとひらいた会社案内に、僕が初めてテニスをした場所が写っていました。

この2つのシンクロにより、「ここでいいんだな」と確信。

この会社の社長こそ、後に僕の「ものの見方」に革命を起こしてくれた人生の恩人になります。僕を作家に導いてくれた妻ともこの会社で出会っています。

初めて本を出すときも、兆しはありました。

いつか本を出したいと思っていたものの、どうすれば作家になれるのかわからなかったのですが、ある日、その方法は向こうからやってきた。近所の小さな本屋さんの、一番いいところに、中身が真っ白の「白紙の本」が置かれていたんです。そして、

「ここにメッセージを書いて送ってください。賞が取れたらデビューできます」

とありました。

最高の未来へ導くサインは、実はいつも目の前にあるんです。

やってみよう！

ある人に、「会社をやめたい」と相談されたとき。目の前の電車広告に「休みなさい」とありました。今は仕事でムリしないことが大事だってわかるんです。

サインを受け取りやすくする練習としては、二者択一で答えられる「問い」を意識しておくことです。

「今会社をやめるべきか、続けるべきか？」といった感じで。数日以内に目の前にサインが現れます。最初はわかりにくいかもしれませんが、そんなときは「わかるようにサインをください」と宇宙に再オーダーをかけるのがコツです。

第3章

逆境を乗り越える言葉

……「ピンチ」の愉しみかた

MEIGEN

27

病気になったのも「おかげさま」、
災難にあうのも「おかげさま」、
不況で苦労するのも「おかげさま」。

▼松原泰道（僧侶）

出典『逆境に克つ言葉力その3』秋庭道博（プレジデント社）

▶松原泰道

《1907-2009年》日本の臨済宗の僧侶。東京都生まれ。早稲田大学文学部卒。岐阜県の瑞龍寺で修行したのち、臨済宗妙心寺派教学部長を務める。著書「般若心経入門」がベストセラーとなり、仏教書ブームのきっかけとなる。1989年仏教伝道文化賞受賞。1999年禅文化賞受賞。宗派を超えた仏教者の集い「南無の会」前会長。101歳で死去。

山あり谷ありの数だけ、君は君らしくなる

2006年、ロック・スター忌野清志郎にガンが見つかり、ライブはすべてキャンセル。自身のホームページでこんなメッセージを寄せた。

「何事も人生経験と考え、この新しいブルースを楽しむような気持ちで治療に専念できればと思います」

清志郎はガンを新しいブルースと解釈した。そして2008年、完全復活祭を日本武道館で開催。場内が暗転するとスクリーンには抗がん剤の副作用で丸坊主になった清志郎の姿が！　しかし、徐々に髪の毛が生えていく姿がスクリーンに映し出され、やがていつものように髪を逆立てた清志郎がベッドから起き上がり、言ったのです。

「2年間よく寝たぜ」

こうして、伝説のライブが始まりました。

僕の知り合いの、いんやく りお君は、心臓と肺に重い疾病を抱えて生まれてきて、これまでに30回以上入退院を繰り返してきました。

お母さんは、そんなりお君の言葉を3歳の頃から記していて、それをまとめたのが、『自分をえらんで生まれてきたよ』（サンマーク出版）という本です。その中で、りおくんは難病で生まれてきた理由をこんなふうに言っています。

「病気で生まれてきたから、ぼくはいろいろな体験ができる」

また、喘息になったときはこう言ったそう。

「ママ、僕が喘息になったのは、喘息を治すのが面白いからだよ」

困難こそ、面白さの本質なんです。何の敵も登場しない、スーパーマリオブラザーズってやりたくないですもんね？

おまけのお話

忌野清志郎の完全復活祭。MCでは、こんな言葉が語られました。
「ゴキゲンだぜ。
素晴らしい夜だ。
ここは平和がいっぱいだ。
でも世界中を見渡すと
戦争も紛争も、
テロや飢えてる子どもたちもいっぱいだ。
どうしてみんな仲良くできないんだろう？
みんなに聞きたいことがあるんだ。
愛しあってるかい？」

MEIGEN

28

「困った」という
一言だけは、
断じていうなかれ。

▼高杉晋作（長州藩士・革命家）

出典『最後の志士が語る維新風雲回顧録』田中光顕（河出書房新社）

▶高杉晋作

《1839-1867年》江戸時代後期の長州藩士。幕末に長州藩の志士として活躍した。奇兵隊など諸隊を創設し、長州藩を倒幕に方向付けた。伊藤博文が「動けば雷電の如く発すれば風雨の如し」と評価している。

かっこよく生きるためのマイルールを決める

エンツォ・フェラーリ。彼こそ名車フェラーリを創ったF1レースの象徴的存在です。そのエンツォ・フェラーリ率いるチームが、ある年のF1レースで、トップグループを快走中にエンジントラブルが発覚。このまま走り続ければ壊れる可能性もある。リタイアするのか、このまま走るのか。命に関わる大問題です。エンジニアたちから、「どうしますか？」と連絡が入った。最終判断を仰がれたエンツォ・フェラーリの答えはこうでした。

「俺たちはイタリア人だ」

これで答えは出ているんです。

「俺たちはイタリア人だ」、つまりそれは、「走れ」と。「死んでもいいから行け」ということ。さすがイタリア人です！

このイタリアのかっこいい精神は、言葉の習慣からきているのではないかと思います。というのも、イタリアでは、言ってはいけない3つの言葉があるからです。

それは「ヤダ！」「面倒臭い！」「難しい」の3つ。

イタリア人はポジティブで陽気だと思われていますが、実はポジティブなのではなく「ネガティブではない」というのが正確な形容です。彼らは否定をしないからです。

幕末の革命家・高杉晋作もネガティブな言葉を一切使わなかったそう。30分に1回、「困った」と言いたくなるような、ピンチ連続の波乱万丈な人生を歩んでいた晋作。しかし、絶対に弱音を吐かないと決めて、かっこよく生き抜いた。なんせ2000人の敵を前に、「一人でも僕はやる」と立ち向かった男ですから。彼は、その2000人の敵を前に、「これより長州男子の腕前をお見せする」と言って乗り込んでいった。このかっこよさを、日本人は今こそ、取り戻すとき。俺たちは日本人だ。

やってみよう！

映画『男はつらいよ』の中で、寅さんは一度も「つらいよ」という言葉を口にしていません。もしネガティブワードを口に出してしまったときは、こんなふうに付け足してください。

「つらいなー。いい意味で！」(笑)。

もしくは、次のように言い換えましょう。

「つらいな！！！！！って、言いたくなるよ！」

(言いたくなるだけであって、まだ言ってないのだ～)

MEIGEN

29

もう終わりだと思うのも、
さあ始まりだと思うのも、
どちらも自分だ。

▼フェデリコ・フェリーニ（映画監督・脚本家）

出典『運命の言葉』「人生の言葉」編集部（日本ブックエース）

▶フェデリコ・フェリーニ

《Federico Fellini、1920-1993年》イタリアの映画監督、脚本家。「映像の魔術師」の異名を持つ。代表作に、『道』、『甘い生活』、『8 1/2』など。4度のアカデミー賞外国語映画賞、カンヌ国際映画祭・パルム・ドールを受賞。

自分がどう思うか、それが自分の世界

「鬼門はやめた方がいい」

このアドバイスは、昭和8年、松下電気器具製作所（現パナソニック）の本社を移転することになったときに、多くの人が、社長の松下幸之助に伝えた言葉です。

移転候補地は、門真。大阪から見たら、門真は鬼門にあたります。風水的に鬼門の方向はよくないとされていたので反対されたわけです。

こんなとき、あなたならどうします？

さて、幸之助はどうしたか？

「臆することはない。鬼門に進むべしや」

どこに行こうが大丈夫なんです。どこに行こうが、そこに「自分」はついてまわります。その自分が「大丈夫」と感じたら大丈夫であり、「ツイてる」と思えばツイているのです。

自分が行きたいと感じた場所がパワースポットだからです。

鬼門だからダメと決めつけてしまうのか、自分がそこがよいと感じた感覚を信じるのか。

「あなたの意識」こそ、「あなたの世界」そのものなのです。

「自分」＝「パワースポット」

ならば、どこに行こうが大丈夫。

陰陽師26代目の松丸政道先生は、本当の風水の考え方について次のように説いています。

「『真氣』と『邪気』が空間にあって、真氣をどれだけ集められるかというのが風水で、その見分け方は、『心地よいかどうか』」

自分の感覚こそ、自分にとっての最大の風水なんです。

自分が心地よく感じることを大切にしてあげる。

それが自分を大切にするということです。

おまけのお話

心理学者の河合隼雄先生によると、人間には催眠にかかりやすい人と、かかりにくい人がいるんだそう。なかには、「絶対、催眠にからない」という人もいますが、そんな人でもコロッとかかりやすくなる魔法の一言があります。始める前に、こう言えばOK。「催眠は知能指数が低いとかかりにくい」（笑）。

MEIGEN

30

悲しみ、苦しみは
人生の花だ。

▼坂口安吾（作家）

出典『悪妻論』坂口安吾

▶坂口安吾

《1906-1955年》作家、評論家、随筆家。近現代日本文学を代表する作家の一人。代表作に『堕落論』、『白痴』など。無頼派・新戯作派と呼ばれた。

悲しみが優しさを育む

「とおちゃん、カマボコって何からできてるの？」
「白身魚のすり身だよ」
「とおちゃん、優しさって何からできてるの？」
「えっとな、優しさは、悲しみからできてるよ」
「とおちゃん、幸せ県民ランキング2位は、なぜ兵庫県なの？」
「阪神・淡路大震災の悲しみを乗り越えて優しさが芽生えたからだよ」

仏教には、「大慈大悲《だいじだいひ》」という言葉があります。大きな悲しみが、大きな優しさを生むという意味です。優しさを磨くのは悲しみなんです。

18歳のとき、僕は自分を変えたい一心で一人でインドを旅しました。そして最近、ひさしぶりにインドを訪ねたのですが、空港を一歩出てインドの匂いに触れた瞬間、18歳の頃の自分にタイムスリップして、思い出したんです。18歳のとき、何もかもうまくいかず、深い闇の中にいるような孤独感を抱えていた頃の自分を。

そして、あの頃の苦しかった自分こそ、僕の人生に最も必要な体験だったことに気がつきました。

当時の僕は、カラカラに干からびていたからこそ、ふれた言葉の一つひとつが、文字どおり染み入るように体の内側に入ってきて、熟成された。だからこそ今、作家として言葉を紡ぎだすことができている。

昆布も煮干しも椎茸も、ダシが出るものはみな干からびる過程が必要です。

今ならわかります。

干からびていたあの時期こそが「人生の花」、僕の人生の最大のギフトだったのです。

おまけのお話

NO RAIN NO RAINBOW.
雨なくして虹は生まれませんから、たくさん泣けばいいんです。ちなみに、今降っている雨には、およそ80年前に泣いた人の涙が含まれているそう。つまり、君の今日の涙は、80年後の大地を生かす恵みとなる。君の今日流す涙は、80年後の未来の人のため。そして、今日の恵みの雨は、80年前に生きた人たちが、私たちのために泣いたんです。

MEIGEN

31

美しい景色を探すな。
景色の中に
美しいものを見つけるんだ。

▼フィンセント・ファン・ゴッホ（画家）

▶フィンセント・ファン・ゴッホ

《Vincent Willem van Gogh、1853-1890年》オランダのポスト印象派の画家。感情の率直な表現、大胆な色使いで知られ、ポスト印象派を代表する画家である。フォーヴィスムやドイツ表現主義など、20世紀の美術にも大きな影響を及ぼした。

いい面を見たら3秒でハッピー

「ひすい先生、困ってます。じつは私、すごくオンチで」

「よかったね～。コーラス隊ではオンチの人が入ると、歌に厚みが出るから、厚み要員としてめちゃめちゃ重宝されるんだよ」

「ひすい先生、困ってます。妻の料理がまずくてまずくて」

「よかったね～。おかげで外で何を食べてもおいしく感じるね。」

「ひすい先生、困ってます。うちの子は勉強せず漫画ばっかり読んで」

「よかったね～。将来はすごい漫画家になるかもね」

「ひすい先生、困ってます。財布落としちゃいまして」

「よかったね～。拾った人は大喜びしてるね。めっちゃ徳積んだね」

「ひすい先生、困ってます。実は、僕の家、すごく貧乏で」

「よかったね～。お釈迦さまは、人物を作る3カ条として、母親の感化、読書、そして貧乏であることをあげてるよ」

こんなふうに、まず「よかったね～」って言うんです。

で、言ったあとに、何がよかったのか、考える。どんなに悪いと思われる物事にもいい面が必ずあるので、それを見る練習をするのです。豊かさとは、環境に恵まれることではなく、どんな景色の中にも、そこに美しさを見出せることをいうのです。

「よかったねー。こんなステキな本と出会えて」

というわけで、この本の素晴らしさをドンドン見出して、ぜひ大切な友だちにもこの本（幸せ）をプレゼントしてあげてくださいね。ひすい、心からの願いです（笑）。

やってみよう！

昔イベントで、みんなで海に行ったにもかかわらず、汚いうえに、クラゲまでいて、泳げなかったことがありました。そんなときこそ、この名言。

いかにこの状況を笑い合うかという方向にみなで意識を向けた結果、「トイレにフナムシが出た！！！」などと、悲劇をコメディにし、シェアし合いました。

さらに、泳がないで楽しむ方法として釣りをしたら、大漁で大盛り上がりで、最高の思い出に。困ったときほど、この名言を思い出してくださいね。

MEIGEN

32

まず事実をつかめ。
それから
思うままに曲解せよ。

▼マーク・トウェイン（作家）

▶マーク・トウェイン

《Mark Twain、1835-1910年》アメリカ合衆国の作家。『トム・ソーヤーの冒険』の著者として知られ、数多くの小説やエッセイを発表、世界中で講演活動を行う。

曲解して自由に価値をつくっていい

前項で、どんな物事にもいい面があるというお話を書きました。

今度はマイナス面を曲解して楽しむワザをお伝えします。

たとえば僕のキャリーケース。買って間もない頃から取っ手がスムースに動かず、何度も押さないと縮まない。キャリーはドイツ製で、10万もするもので、動きがなめらかなことで有名なのに、なめらかじゃない(笑)。でも僕は、逆に「かわいい」って思えたんです。だからこそ、このキャリーだけの良さが、他にあるんじゃないかって。今楽しく旅ができているのは、このキャリーが持っている運のおかげじゃないかと。すると、なめらかじゃないことにまで感謝の思いが湧いてきました。

革靴を買った2日後に、靴の底がとれたこともありました。さすがに交換に行きましたが、「この靴は最初に僕のところに来てよかったな」と思えました。僕じゃなかったら、きっと買ったお店にすごいクレームを入れているはずだから。そして、そう思える自分って、相当すごいんじゃないかと感動しちゃって(笑)。こんな感動を味わえて、靴の底がとれてよかったなーっとまで思えた。

人生の「壁」にぶち当たったと思うと苦しいけど、曲解して、新しい自分への「扉」だと思えばやる気が出ます。

「忙しい」と思うとモヤモヤするけど、「自分は人気者だ」と思えばうれしくなる。「結婚できない。売れ残り」と思うと寂しいけど、「お取り置き」と思えば気分よく生きられるよ！(笑)

人生を楽しくできるかどうかは、現実が決めるのではなく、あなたの心が決めるのです。

やってみよう！

さあ、あなたが、今問題だと思っていること、悩みは何でしょう？

それを楽しく曲解してみよう。ちなみに、この名言を完全に自分のものとして、うまく「曲解力」を使いこなしている代表選手が、ソフトバンクの孫正義さんです。

「髪の毛が後退してるのではない。私が前進してるのだ」孫正義

はい、拍手！！！！！

見事な「曲解」ぶりです！

MEIGEN

33

苦悩をつきつけて
歓喜をかち得るのだ。

▼ベートーヴェン（作曲家）

出典『ベートーヴェン書簡集』小松雄一郎（岩波書店）

▶ルートヴィヒ・ヴァン・ベートーヴェン

《Ludwig van Beethoven、1770-1827年》ドイツの作曲家。
音楽史上極めて重要な作曲家であり、日本では「楽聖」とも呼ばれる。
古典派音楽の集大成かつロマン派音楽の先駆けとされている。

「苦悩」は「歓喜」の前振り

朝顔の花は、朝の光を受けて咲きます。しかし、ある植物学者が、朝顔のつぼみに24時間光を当てていても花は咲かなかったと言います。何が足りなかったんでしょうか？

なんと、闇が足りなかったんです。朝顔の花が咲くには、朝の光に当たる前に、夜の冷気と闇に包まれる時間が不可欠なのだそう。

心におきかえて考えてみましょう。

つまり、心が冷えて、闇に包まれても大丈夫だということです。それこそ、朝に花が咲く条件なのですから。

キャンドルの光が、美しく感じられるのは、なぜでしょう？　闇を打ち消すことなく、闇と光が、共存しているからです。

コンサルタントの福島正伸先生はこう言っていました。

「みんな成長すると問題がなくなると勘違いしてるけど、安心してください。成長したらもっと大きな問題がきますから、一生問題が尽きることはありません。よかったですね。ワクワクしますね。だから人生は楽しいんですよー」

そうなのです。もっと大きな闇を受け止められるようになる、それが成長するということなのです。だから、胸をはって闇の中を歩き続ければいい。

問題がないことが素晴らしいんじゃなくて、問題のど真ん中で、何も思いどおりにならないなかで、それでも愛を選択しようとするその心意気こそが、美しいのです。

朝に咲く朝顔のように。

前項で、「曲解力」で人生を楽しむ方法をお伝えしましたが、曲解できなくても、苦悩は苦悩で人生に花を咲かせてくれる最高に大切なシーンなのです。

やってみよう！

「苦悩」を「空腹」と考えると、この名言がよりわかりやすくなります。空腹が長引けば長引くほど、なんでもない食事でも、よりおいしく感じられますよね？　「空腹」が「おいしい」という体験を引き出してくれるんです。「空腹」が「おいしい」の前振りのように、「苦悩」とは「歓喜」の前振りなんです。

MEIGEN

34

The Show Must Go On.

（ショーは続けなくてはならない）

▶英語のことわざ

▶英語のことわざ

“The pen is mightier than the sword.”（ペンは剣よりも強し）、“When in Rome, do as the Romans.”（郷にいったら郷に従え）、“God helps those who help themselves.”（天は自ら助くるものを助く）などのように、有名な英語のことわざは多数ある。

「できるかどうか」ではなく、「やる」という覚悟

三谷幸喜さん脚本の舞台『You Are The Top』の初日直前、主演俳優の鹿賀丈史さんが急性虫垂炎で倒れ、代役に浅野和之さんが抜擢されました。浅野さんが演じる役は、出ずっぱりです。しかも、本番までに残された時間はわずか4日。4日で、原稿用紙240枚分のセリフを覚え、劇中ではピアノも弾き、歌って踊る。

できるか、できないかで考えていたら、誰もが「できない」と答える状況。しかし、浅野さんは、できるか、できないかで考えるのではなく、「やる」と覚悟を決めたんです。

さて、初日のカーテンコールは、どうだったのか？

拍手がなりやまなかった！　彼は見事に主役を演じきったのです。終演後、三谷幸喜さんは、ロビーで浅野さんの手を握り締め、思わずこう言ったとか。「一生ついていきます」

〝The Show Must Go On.〟ショーは続けなくてはならない。途中でやめてはいけない。何があっても幕は開けなければならない……。

この言葉こそ、演劇人の基本精神です。

じつは、あなたの人生も、すでに幕はあがっています。舞台のタイトルは「○○○○」。ここには、あなたの名前が入ります。

もう途中でやめてはいけないんだ。たとえ涙が涸れるほど出ようと、それでも歩みを止めてはいけない。そして思い出してほしいんです。できるか、できないかで考えていたら、誰もが「できない」と答える場面。しかし、あなたは「やる」と覚悟を決めて、あなたの人生を選んで生まれてきたことを。あの日の浅野さんのようにね。

やってみよう！

何としてでもやらなければいけないときってありますよね。

そんなときは、ペットボトルのお茶を買って机の上に置いておけばいいんです。

無茶な状況だけど、目の前には、「お茶」がある。

つまり「無茶」じゃないという前兆を自分でつくるんです（笑）。

MEIGEN

35

人間の偉大さを
言い表すための私の定式は
運命愛である。

▼ニーチェ（哲学者）

出典『この人を見よ』ニーチェ、西尾幹二（訳）（新潮社）

▶ニーチェ

《Friedrich Wilhelm Nietzsche、1844-1900年》ドイツの哲学者、古典文献学者。実存主義の代表的な思想家の一人として知られる。バーゼル大学古典文献学教授となり、辞職した後は在野の哲学者として一生を過ごした。

悪魔すら飲み込む覚悟でまるごと愛する

岩手県山田町の「鯨と海の科学館」。鯨を展示する科学館に、あの津波がやってきた。東日本大震災です。海沿いにあったこの館にも津波が直撃。貴重な標本は流され壊滅的な状況になりました。

でも「何としてでも復活させる！」と静かに燃えるスタッフのおじいちゃんがいました。電気もつかない館の中、泥や流されてきた瓦礫を途方もない時間をかけて取り除き、残ったものを一つひとつきれいにしている笑顔のおじいちゃん。2012年に被災地応援にうかがった際に、懐中電灯で特別に館の中を案内してくれました。このとき、愛する科学館を壊滅的状況に追い込んだ津波に対して、おじいちゃんは、ぼそっと言いました。

「これもご縁じゃからのー」

すべてを奪った津波を「これもご縁だから」と表現したおじいちゃん。自分にとって都合のいいものだけを「ご縁」と言うんじゃないんですね。

哲学者ニーチェの重要なメッセージの中に、「アモール・ファティ」（運命愛）というものがあります。**「自分の運命を愛せよ、それが自分の人生なんだ」と**。もし君が、人生の中でたったひとつの要素だけであっても、それを否定してしまったら、人生全部をバラバラにしてしまうことになる。悪魔すら飲み込む覚悟で、まるごとを愛する。それが「運命愛」だと。いいことも、悪いこともまとめて面倒みるぜ、という覚悟です。

たとえそれが地獄であろうが、全部最後まで見届けてやる。その気概を持つことができた瞬間に、あなたは「運命の主《あるじ》」となることができる。

「運命の主」とは、運命に運ばれた先を受け入れ、そのうえで、本当はどう生きたいかを見出し、運ばれた先で、自分らしく花を咲かせられる人のことです。

おまけのお話

英語で「生まれる」とは「be born」と書くように、「生まれる」は、そもそもが受け身なのです。僕らは、生まれてくる環境も、寿命も、起きる出来事も決めることはできない。先手は運命なのです。その運命の川を受け入れたうえで、自分はどう感じ、ほんとはどうしていきたいか舵をとっていく。いわば天と自分のコラボレーションが人生です。

第4章

毎日を
ごきげんにする
言葉

……「幸せ」のつくりかた

MEIGEN

36

ドイツで一番有名な
ユーモアの定義は、
「ユーモアとは『にもかかわらず』
笑うことである」

▼アルフォンス・デーケン（哲学者・司祭）

出典『よく生き よく笑い よき死と出会う』アルフォンス・デーケン（新潮社）

▶アルフォンス・デーケン

《Alfons Deeken、1932年-》ドイツ、オルデンブルク生まれのイエズス会司祭、哲学者。上智大学名誉教授。専門は、死生学。死生学においては、日本の代表的な学者である。

笑うと自分の中心に戻れる

ある広告のお仕事で、ものすごくタイトな納期でやってほしいと頼まれたことがあります。なんとか徹夜で仕上げて提出したら、設定変更になり、また違う内容で翌日までに作り直さないといけなくなりました。先方の都合による設定変更なので、ここは僕が怒っていい場面。当然担当者の方は、怒られると思って連絡されたと思うのですが、僕は徹夜明けだったこともあり、もう力が抜けていて、逆に笑ってしまったんです。

「やりなおし！？　え？　あはは。何度でもやりなおしますよ」と。

その方は、怒られると思っていますから、妙に感動して、僕の大ファンになってくれて、たくさん仕事をまわしてくれるようになりました。

そう、「にもかかわらず」笑うと、相手の心の中で伝説になれるんです。

こんな話も伝わっています。キューバの核ミサイル基地の建設が明らかになった1962年。キューバの背後の共産主義ソビエト連邦と、資本主義アメリカの対立による緊張がピークに達し、全面核戦争の危機！
外交交渉の場もらちがあかず、険悪な空気に。そのとき、こんな提案がなされたそう。

「今からひとりずつ、笑い話でもしていきませんか？」

まず、ソ連側が、こんな話をした。

「資本主義と共産主義の違いは何か？資本主義は人が人を搾取する。共産主義は人が人に搾取される」

どちらにしろ搾取（笑）。2つの主義に大した違いはないよね、と。

会場が爆笑の波に包まれ、全面戦争は避けられたのであります。

やってみよう！

『にもかかわらず』笑うことがユーモア。ピンチに陥ったときに言うセリフをあらかじめ決めておこう。コンサルタントの福島正伸さんは、万が一、自分の会社が倒産しそうになったときにスタッフに伝えるセリフをもう決めてあるのだとか。

「みんなは持ち場に戻ってくれ。大丈夫だ。ここは私がなんとかする。ようやく私の出番がきたようだ。ただし、ひとつだけ気をつけてほしい。そんな私の姿を見て、ほ・れ・る・な・よ♡」

これは早く経営危機が来ないかってくらいワクワクしてきますね（笑）。

MEIGEN

37

人生とは、
あらゆる患者が
ベッドを替えたいという願望に
とりつかれている病院である。

▼シャルル・ボードレール（評論家）

出典『パリの憂愁』シャルル・ボードレール、福永武彦（訳）（岩波書店）

▶シャルル・ボードレール

《Charles Pierre Baudelaire、1821-1867年》フランスの詩人、評論家。代表作に『悪の華』、『パリの憂鬱』など。ダンディとして知られ、亡父の遺産をもとに散財の限りを尽くし、準禁治産者の扱いを受ける。

幸せは、なるものではなく気づくもの

彼は文句ばかり言っていた。何か食べても「マズい」と文句を言い、おいしいものを食べても「これはカロリーが高すぎる」と文句を言い、友だちにも「お前は顔がでかすぎ」「ほっぺに肉つきすぎ！」「なんだ、その髪型！　髪、おったてすぎ！」などとけなしてばかりいました。そんな彼の一番の口癖は、「ここは、つまんな〜い」。

ある日、そんな彼が、食事をしていると、口にナイフで裂かれたような痛みが走りました。「ここはどこだ？」。彼は、地上に引き上げられてしまったのです。釣り人に釣られて……。彼（魚）は地上に上げられ、呼吸がまともにできなくなり、意識も朦朧としてきた。

「文句ばっかり言ってしまったけど、あそこ（海）での生活こそ、『幸せ』だったんだ」

そう気がついた瞬間、彼（魚）は地上で息を引き取りました。

不満ばかり言っていた魚クン。でも彼は、釣り上げられて初めて幸せの海にいたことに気づいたのです。

人生において、「災難」こそが幸せに気づかせてくれる「釣り人」の役割を担ってくれています。

ドストエフスキーも言っています。

「人間は自分が幸福であることを知らないから不幸なのである」

失ったときに、初めて気がつくのが幸せです。虫歯になってはじめて僕らは気づくんです。歯が痛くないってスーパーハッピーだったんだって。髪が薄くなってはじめて、髪の毛があるってハッピーだったとわかる。

そして、死ぬときに気づくんです。

生きてるって、スーパーヘビー級ハッピーだったんだって。

不平不満ばかり言ってごめんなさいって。

幸せは、失う前に気づきたいよね。

おまけのお話

キャスト紹介。

「カロリー高すぎるだろ」

〈アンコウ〉（アン肝100g あたり 445kcal）

「顔でかすぎ」

〈ナポレオンフィッシュ〉

「ほっぺに肉つきすぎだろ」

〈フグ〉

「髪、おったてすぎ！」

〈ウニ〉

MEIGEN

38

避けることが
できないならば、
抱きしめてしまえばいい。

▼ウィリアム・シェイクスピア（劇作家・詩人）

► ウィリアム・シェイクスピア

《William Shakespeare、1564-1616年》イングランドの劇作家、詩人。代表作に、『ロミオとジュリエット』、『ハムレット』、『オセロー』、『リア王』、『マクベス』など。イギリス・ルネサンス演劇を代表する人物。卓越した人間観察眼からなる内面の心理描写を得意とする最も優れた英文学の作家。

受け入れたとき、世界はあなたに優しくなる

写真家・篠山紀信さんの人生が変わったきっかけ、それは、4日間踊りまくるリオのカーニバルだったそう。篠山さんは、道路の向こう側へ渡ろうとしたのですが、渡れない。

「よし、いまだ！」と思っても、サンバサンバサンバの人で渡れない。

「どいてください」と言ってもサンバサンバサンバで聞いちゃいない。

「こうなったら力ずく！」と無理矢理渡ってみようとしても、はじき返される。篠山さんは困り果てた。

それならば！　と、自分も一緒になってサンバを踊ってみたんだそうです。篠山紀信、自らがサンバ、サンバ、サンバ！

すると、あれ〜〜。スーと簡単に渡れたのです。

「こういうことなんだと思ったね。全部受け入れちゃえばいいの」

これが篠山紀信さんの人生観が変わった瞬間だそう。

否定しているときは、体に力が入り、あなたは世界と戦っています。

しかし、受け入れた瞬間に、体はゆるみ、分離を乗り越え、世界とひとつになれるのです。

最後に整体の先生に教えてもらったお話。強い刺激というのは、皮膚の表面で反発する反作用が働くので、細胞の内部にまで力が及ばないんだそう。一方、優しく働きかけると、皮膚はそれを受け入れ、内側深くまで届くのだとか。

力では世界は変わりません。

優しくひとつになることで、世界は変容するのです。

やってみよう！

受け入れられない現実をノートに全部書き出して、書き終えたら、「起きたことは全部マル！」と言いながら、そこに花マルを書こう。

いやいやいや、どうしても受け入れられないってことがあれば、「受け入れられない自分をゆるします」とノートに記そう。それが自分を受け入れるってことです。

そして、そのノートを抱きしめて、いいこいいこしてあげて、今日は一緒に寝よう（笑）。

MEIGEN

39

千の平凡で一生を貫け。

▼竹内てるよ（詩人）

出典『生命の歌』竹内てるよ（渓文社）

▶竹内てるよ

《1904-2001年》北海道出身の詩人、小説家。2002年、「国際児童図書評議会」 創立50周年記念大会で、日本の美智子皇后がスピーチの中で代表作「頬」を引用したことから、注目されるようになった。

「自分を生きる」のは天の責務

竹内てるよ、二十歳で結婚。男の子が生まれるも、自身は脊椎カリエスを発症して離縁され、子どもは父親に引きとられることが決まり、希望を見失いました。実は、彼女の母も、彼女が生まれたばかりのときに離縁されて家を出され、絶望した挙げ句に入水自殺しています。

母と同じ人生を歩んでしまうのか。てるよは、生まれた赤ん坊と心中をはかります。赤ん坊の首に赤い紐を回そうとしたとき、ひもが揺れるのを見て、無邪気に赤ん坊が笑った。思わず涙があふれ、赤ん坊の赤い頬に落ちた。赤ん坊と目が合った瞬間、「生きるのは責務だ」と、彼女は悟るのです。このとき書いた詩が「頬」です。

「ただ自らの弱さといくじなさのために　生れて何も知らぬわが子の頬に　母よ　絶望の涙をおとすな」

そんな彼女が子どもに贈った言葉が「千の平凡で一生を貫け」なんです。

いいことなんかないかもしれない。それでも「生きることは責務」であり、たとえ平凡だとしても、その千の平凡を一生貫けと。

この世界には、自分の意思で生まれてきたわけじゃない。それは、命は、あなたのものではなく、天が望んだということです。**であれば、僕らは自分の一生を最後まで見届ける義務がある**。生まれた環境、今置かれている環境、それがどんなものであれ、そこに天の意思がある。だから人生を「イエス！」と受け止めたうえで、どう運命を愛し貫き超えていくかが問われています。最後に、竹内てるよの『生きたるは』という詩を贈ります。

「生きたるは一つの愛　さびしさにも　不幸にもいたずらにも嘆かず
自らのたましいを　汚さざるため　生きたるは　奇蹟でもなく
生命の神秘でもない　生きたるは唯一にして　無二の責務」

やってみよう！

僕らも千の平凡を一生貫きましょう。

平凡なら平凡でもできる工夫を1000積み重ねたらいい。それこそが、非凡なことなんです。

「平凡なことを毎日平凡な気持ちで実行することがすなわち非凡なのである」
アンドレ・ジッド

MEIGEN

40

いいかい、もし、良いと思ったら、
どうやろうかなどと
決して心配するな。
つまり直感だよ。

▼チャールズ・チャップリン（映画監督・俳優）

▶チャールズ・チャップリン

《Charles Chaplin、1889-1977年》イギリスの映画俳優、映画監督、コメディアン。数々の傑作コメディ映画を作り上げ、「喜劇王」の異名をもつ。ハリウッドにおいて極めてマルチな才能を発揮する。ユーモアの陰に鋭い社会諷刺、下町に生きる庶民の哀愁や怒り、涙を描く作品で知られる。

考える前に、ちゃんと感じよう

ドキドキドキ。今日はお見合いの日。その男は、愚直でまじめ一筋。人生初のお見合いに朝からソワソワしていました。家を出て、お見合いの行われる仲人さんのお宅へ向かう。緊張のあまり、その男はおしっこが漏れそうになりますが、仲人さんの家まで我慢しようと歩きました。ようやく仲人さんの家が見えてきたのですが、そこが限界でした。

も、漏れる！　その男は、あろうことか、仲人さんの家の塀におしっこをしたのです。

ドキドキドキ。今日は人生初のお見合いの日。その女は明るくモテるタイプでしたが、ひょんなことからお見合いをすることになりました。どんなステキな人が来るんだろう。期待に胸を弾ませて、仲人さんのお宅へ向かう。仲人さんの家を見つけたその瞬間、目に飛び込んできたのは……なんと、塀におしっこをしている男！ま、まさか、あの人が……？

なんと、二人は結婚することになり、生まれた子どもが、ひすいこたろうです。僕の母ちゃんは言っていました。

「塀におしっこをしているあの人を見たとき、なぜか、あの人なら大丈夫！　って思ったのよ」

最初にパッと浮かんだ直感を丁寧にとらえましょう。考えるのはそれからです。

直感を拾わずに、頭で考えるのを先行させてしまうと、うちの父は、どう見ても塀におしっこをするありえない人であり、お見合いも破綻していたことでしょう。父は、本来まじめで愚直な人。緊張しすぎた結果の立ちションだっただけですからね（笑）。

やってみよう！

直感を大事にするとは、理由のわからないものを大切にするってことです。たとえば、僕が長野県の美味しいと評判の蕎麦屋さんに連れて行ってもらったとき。メニューを見た瞬間、親子丼が目に飛び込んできた。

でも、そこは蕎麦が有名。思考で考えたら、断然蕎麦ですよ。しかし、僕は直感を信じ、親子丼を頼むと、それが本当に美味しくて。蕎麦も一口いただいたんですが、僕にとっては、親子丼が◎でした。

理由がわからないものほど、大切にしてあげてくださいね。

MEIGEN

41

感謝して食べたら、
命に変わる。
考えて食べたら
我《エゴ》に変わる。

▼ちこ（料理人・栄養士）

出典『いのちのごはん』ちこ（青春出版社）

▶ちこ

《1985年-》栄養士。17歳の時に、大学受験塾ミスターステップアップ塾長、北極老人と出会い、“食を変えると人生が変わる”ことを悟得。2006年声なき声を聞き、ゆにわ流を伝授される。大阪府枚方市楠葉に、北極老人監修のもと、自然食という枠を超えた、古くて新しい料理店、『ゆにわ』を立ち上げる。

食べ方は生き方

「いただきます」と「ごちそうさま」。これぞ、日本を代表する名言だと僕は胸をはりたい。日本書紀や万葉集では、日本のことを「食国（ヲスクニ）」と呼んでいました。「ヲス」とは、「惜しむ気持ち」「愛おしむ気持ち」。ヲスの精神は、ごはん一粒一粒を惜しみ、愛おしむことから育まれるわけですが、そのための言葉が「いただきます」と「ごちそうさま」。

「いただきます」という言葉は「天地の恵み、箸を高く捧げて、いただきます」の略語で、命とひとつになることへの「喜び」を表します。食材に対して、命を自分に差し出してくれたことへの深い感謝の思いから、「あなたの命をいただきます」と。

一方、「ごちそうさま」は漢字で書くと「御馳走様」となります。「馳」も「走」も「走る」という意味で、この食材が私までくるのに、走り回ってくれたすべての人に対する感謝を示します。魚一匹とっても、漁師やスーパーの人たち、料理をしてくれた人や自然の恵みのおかげで、目の前の食卓に並んでいる。そのことへの感謝が「ごちそうさま（御馳走様）」なのです。

吐き出したツバや鼻水は、さっきまで体の中にあったものなのに汚く感じるのは、自分と分離したからです。では、ごはんを食べると、どうして幸せな気持ちになるのか？

ひとつになったからです。

分離すると違和感を感じ、ひとつになると喜びを感じるのが人間。

命とひとつになることに感謝すること。それが食べるという行為の本質です。

丁寧にごはんに向き合ったら、それだけで人は幸せになれるのです。

やってみよう！

「いただきます」とは、「喜び」であり、「ごちそうさま」とは、「感謝」であり、祈りです。

「喜び」と「感謝」の循環を習慣にしてくれるわずか6文字の言葉が、「いただきます」と「ごちそうさま」なのです。

この2語は、英語には訳せないそうです。

まさにこの2語こそ、古来、日本人の叡智の結晶とも言える「ザ・名言」です！

これからは、ごはんを食べるたびにこの話を思い出して、「いただきます」「ごちそうさま」に心を込めよう。

MEIGEN

42

机のお茶は
いつも重要な方に向かって
こぼれる。

▼マーフィーの法則

▶マーフィーの法則

先達の経験から生じた、ユーモラスでしかも哀愁に富む
数々の経験則をまとめたもの。
日本においては、1990年代に大流行した。

満員のとき、自分の前の席だけが空かない

「失敗する可能性のあることは必ず失敗する」

航空機研究所のエドワード・A・マーフィーJr.が、1949年にふともらしたこの言葉が、「マーフィーの法則」のもとになりました。事実かどうかは別にして、その後もさまざまな経験則が一般の人によって加えられています。

素晴らしい名言が続いたので、ちょっとここで息抜きしましょう（笑）。マーフィーの法則の数々をごらんください。

「落としたトーストがバターを塗った面を下にして着地する確率は、カーペットの値段に比例する」

「探していないものは必ず見つかる」

「洗車しはじめると雨が降る」

「母親は『こんな日もあるさ』と教えてくれたが、こんなにたくさんあるとは聞いていない」

「作業場でものを落とすと、最も手が届きにくい隅っこに転がり込む」

「人生で楽しいことは、違法であるか、反道徳的であるか、太りやすい」

「婚約した日に、素晴らしい人と出会う」

「どうでもいい日に絶好調になる」

「風の強さは、その日、髪のセットに費やした努力に比例する」

これが人生なんです。

ここ一番で調子が出ず、どうでもいい日に絶好調になる僕らだけど、それでも、人生は生きるに値します！

がんばって生きようぜ（笑）。

やってみよう！

元気のない友だちに、この「マーフィーの法則」のページを写真に撮ってメールしてあげよう。最後に、あなたの励ましの言葉を添えてね。あなたの考えたマーフィーの法則を加えるもよし。

その友だち、笑ったあとに、元気が出ると思います。

ちなみに僕の感じるマーフィーの法則は、「出張先で買った妻へのおみやげは、必ず妻の口に合わない」

今のところ100％の確率です（笑）。

MEIGEN

43

力を抜け、抜け、
頭の力も体の力も手の力も
みんな抜け。

▼ミュンシュ（指揮者）

出典『ボクの音楽武者旅行』小澤征爾（音楽之友社）

▶ミュンシュ

《Charles Munch、1891-1968年》アルザス・ストラスブールに生まれ、のちフランスに帰化した指揮者。長い指揮棒を風車のように振り回す情熱的な指揮ぶり、爆発的な熱気あふれる音楽表現で高い人気を誇った。

力を抜く秘訣は楽しむこと

スポーツ選手のメンタルコーチとして有名なロバート・クリーゲル。彼がオリンピック最終予選を目指す短距離選手のトレーニングをしていたとき。いまひとつみんなの記録が伸びないので、クリーゲルは考えた末、走る前に選手たちにあるアドバイスをしてみました。すると、なんと、選手全員の記録が瞬時に伸びたのです。なかには非公式ですが、世界新記録を出した選手さえいたそうです。

その魔法の一言とは、なんだと思いますか？

「死ぬ気で行け！」ではないんです。

「自己最高記録を出さないと、今日のお前の夕飯は俺が食べる！」でもないんです（笑）。

「普段の90%の力で走ってごらん」

これが正解。すると、90%でリラックスして走った結果、なんとそれぞれの選手が自己最高タイムを叩き出したのです。

がんばらなきゃいけないときこそ、がんばらない。

気楽に力を抜いたとき、じつは、最も力が出たのであります。

溺れたとき、最速で浮上する方法は、力を抜くことです。

また、ヒマラヤには、8000メートルもの山脈を越えて飛ぶ鶴がいますが、決して鶴がすごい力を秘めているわけではありません。力だけでは、8000メートルの山を越えるのは不可能。だから鶴は、むしろ力を使わないで、風に乗って山を越えます。力を抜くと流れに乗ることができるのです。

では最後に、10%力を抜くコツは何か？

それは、楽しむことです。

たかが人生遊びじゃねえか。

Take it easy!

やってみよう！

厳重注意。あなたが上司に怒られているときに、この名言を上司に言ってはいけません。「普段の90%の力で怒ってごらん」。そんなふうに言ったら、間違いなく普段の１２０％で叱られます（笑）。なので、この名言は自分に対して使うのです。カーッと頭に血が上ったときに思い出してください。

MEIGEN

44

酒は噛んで
味わわなければいけない。

▼開高健（作家）

出典『フィッシュ・オン』開高健（新潮社）

▶開高健

《1930-1989年》日本の作家。代表作に『パニック』、『裸の王様』、『輝ける闇』など。『裸の王様』で芥川賞を受賞。

開高健（書いた？書けん！）と名前を変読みした読者の投稿を気に入り、たびたびサインに引用していた。

食通であり、食と酒に関するエッセイも多数。

深く味わったものだけが血となり肉となる

看板のないラーメン屋に連れていってくれた友人が言いました。

「注意してください。このラーメン屋は、麺を先に食べた瞬間に退場になります。とにかく先にスープを飲んでください」

どうやら、ガンコ親父の「スープ命」の店らしい。いよいよラーメンが出てきました。あたりを見渡すと、店主がめっちゃこっちを見てる！！！　そんななかスープを一口、味わう。え！？　これは……！これだけのスープを作ったら、麺を先に食べる人を怒りたくなる気持ち、わかる。全身にとんこつの旨味が広がりました。そう、食べ方には正解があるのです。

作家であり、食の王様としても知られる開高健は、「酒は噛んで味わわなければいけない」と言っています。

「よく冷えた淡麗を歯ぐきから下へまわすようにして味わいつつ流すのである。この味わいかたのことを『酒を噛む』という」

「どんな酒でも噛むときに滴をきっと歯ぐきへまわすようにするといい。それがほどけてじんわりと沁みてくるのを待つようにするのである」

ふつう酒は舌やのどで味わいますが、開高健は「歯ぐき」だと言います。歯ぐきに酒を沁みこませると、他の部分では現れないその酒の性格が顔を出すそう。

どんなものでも、深く、味わう。これは人生全般にも言えることです。

うれしいことだけじゃなくて、哀しいことも、寂しいことも、全身に沁みこませるのです。

沁みたものは、僕らの血となり肉となり僕らを新たに生かしてくれるのです。正しい哀しみ方は、ちゃんと哀しさを感じることなんです。

おまけのお話

噛んで味わう。これは、実は健康の面でも理にかなった飲み方です。

よく噛んだり、歯ぐきから下へまわすようにして味わいつつ流すことで、口の中で唾液が分泌し始めます。

よく噛んで食べるといいと言われるのは、唾液が出るから。じつは、唾液の量に、消化する力は比例して働きます。唾液をできるだけたくさん出しながら食事をとることで、しっかり消化されるのです。

味わわないと消化されない。これ、人生と一緒なんですね。

MEIGEN

45

座右の銘は「かっこよく生きろ」。

▼蜷川実花（写真家・映画監督）

出典『蜷川実花の言葉集』蜷川実花（イースト・プレス）

▶蜷川実花

《1972年-》日本の写真家、映画監督。木村伊兵衛写真賞ほか数々受賞。演出家・映画監督の蜷川幸雄とキルト作家の真山知子（蜷川宏子）夫妻の間に第一子として出生。監督作に『さくらん』『ヘビーローテーション』など。

損得でも正しさでもなく、かっこいいかどうか

「ほしいもんは自分からとりに行かせていただきます！」という写真家の蜷川実花さん。かつて「好きな四字熟語は？」と聞かれたら「信号無視」って答えていたそう。蜷川さん、かっこいい！　蜷川さんの座右の銘みたいに、すべてをかっこいいかどうかで判断したら、悩むことも減り人生はシンプルになる。イチローもプロ野球選手になった理由を「かっこよかったからに決まってる」と言っていました。

息子が幼稚園のときのこと。来たるマラソン大会に向けて気合い十分の息子が「とおちゃん、1位になるからね」と言ったので、僕は「1位にならなくたって楽しめるよ」と伝えました。

もちろん息子が1位になれば家族は喜びます。でも、もっと多くの人が喜ぶ方法だってある。たとえば、スタートのときに面白いことをやればいいんだよって。すると息子は言いました。

「スタートの時、いきなりしゃがんで『カメレオン』ってやってみる」

「いいね」（笑）

ってことで、「よ――い、カメレオン！」と、スタート時にカメレオンと化した息子は13位でしたが、僕は息子の頭をなでなでしまくりました。僕らは何のために生まれてきたの？　1位になるため？　正しく生きるため？　**それもいいけど、楽しむことも、かっこよく生きることも忘れたくないよね。**

居酒屋「てっぺん」を経営する大嶋啓介さんは、ある質問に「イエス」と言える仕事しか進めないそうです。その質問とは、「それって祭り？」。祭りのように楽しくならない仕事はやらないってわけです。

やってみよう！

さて、あなたの場合、どのような価値観で日々を生きていますか？

①「正しさ」「損得」「ラク」「安心（安全）」「必要とされる」

②「面白さ（楽しさ）」「かっこよさ」「成長」「自分らしいか」

あなたが最近下した大事な決断は、どの価値観でしたか？　今は①の基準で生きる人が多いけど、②の基準も少しずつ人生に取り入れてみてくださいな。正しさや勝ち負け、損得で考える場面があってもいいんですけど、それだけでは人生は味気なくなっていくから。

MEIGEN

46

百年後は、すべて新しい人々。

▼リチャード・カールソン（作家・心理療法士）

出典『小さいことにくよくよするな！』リチャード・カールソン（サンマーク出版）

▶リチャード・カールソン

《Richard Carlson、1961-2006年》アメリカ合衆国の作家、心理療法士、講演者。代表作『小さいことにくよくよするな!―しょせん、すべては小さなこと』は、アメリカ合衆国において2年連続でUSAトゥデイのベストセラーとなった。

100年後から見たら、それは悩むに値するか

カウンセラーの仕事は、悩みを聞くことです。しかし、あるカウンセラーの方が、こんなことを言っていました。

「みんな何歳まで生きるつもりなんでしょうね。200歳まで生きるくらいのつもりで、みんな深刻に悩んでいる。そんなに生きないから、そこまで悩まなくて大丈夫だよって言ってあげたい」

だよね！　だよね！　その悩みを抱えて1万年生きるなら、それは大変です。でも、たかが100年！

だったら、悩みを抱えたまま、そのまま、人生走りきっちゃおうよ。

うちの両親は、僕に、いい高校に入ってほしいとずっと心配していました。いい高校に入ったら、いい大学に入ってほしいと心配し、大学に入ったら、いい会社に入ってほしいと心配し、結婚したら、離婚しやしないかと心配。子どもができたら、うちの子がちゃんと勉強するか心配しています。特に数学8点の息子の心配を（笑）。人は、どこまで心配すれば気がすむんでしょうね。もう、そう考えると、ある結論にたどり着かざるをえないんです。

じつは、みんな悩むのが好き（笑）。趣味で悩んでる。違いますか？

残念ながら、100年後、僕らはこの世界にいません。100年後はすべて新しい人々です。宇宙の歴史からしたら100年なんて、打ち上げられた花火のような一瞬。それでも、今の悩みを、悩んでいたいですか？

だとしたら、やっぱり、悩むのが趣味だったんだ！！！　趣味ならオッケー（笑）。いくらでも気がすむまで悩んでよし。

深刻に悩むのではなく、趣味だと思って悩もう。

おまけのお話

東日本大震災の被災地、岩手県に行ったとき、こんなお話を聞きました。

「山の中を歩いていたら、栗が落ちていた。その栗を食べたら、何があっても生きていけると思った。いざというときは山の中に入って、栗を食べればいいんだから」

こんなふうに考えられたら、もう、怖いものはなくなりますね。

悩んだときは１００年後を想像してみよう。

「１００年後から見たら、それは悩むに値する？」って。

MEIGEN

47

われわれは、この地球に住んで
ばかばかしいことをするために
生まれてきた。
これに関しては
だれにも違うとは言わせない。

▼カート・ヴォネガット（作家）

出典『国のない男』カート・ヴォネガット（中央公論新社）

▶カート・ヴォネガット

《Kurt Vonnegut、1922-2007年》アメリカ合衆国の小説家、エッセイスト、劇作家。代表作に『タイタンの妖女』、『猫のゆりかご』、『スローターハウス5』など。人類に対する絶望と皮肉と愛情を、シニカルかつユーモラスな筆致で描き人気を博した。

ばかばかしいことをやると自分を好きになれる

「ここに書かれていることを実際に行動したとしても、一切責任をもたない」という前書きでその本は始まっています。その危険な本は、リチャード・ホーンによる『死ぬまでにしたい101のアラ技』(早川書房)。著者リチャードは言う。**「生きるというのは生と死の中継ぎ。つまり生きてる間に何をするかが重要だ」**と。

おっしゃるとおり。では何をすればいいのか。

たとえば「素手で魚を捕まえてみろ！」と(笑)。「生まれたからには一度でいいから素手で、魚とフィフティ、フィフティの戦いを挑んでみろ！」とリチャードは挑発してきます。さらに挑発は続きます。

「たった一度の人生だ。呼ばれていないパーティーに出席してみろ」と。これはデンジャラスです。ただ、堂々と振舞っていると案外バレないと解説付きです。

ばかばかしいことって、ほんとワクワクします。僕も、出版記念のイベントで、指定の時間に、右手に僕の本を持って山手線車内に集合という企画をやったことがあります。山手線内で僕の本を持っている人たちがわらわらいる風景を見たいというだけで(笑)。「何が起きるかは、神のみぞ知る」としか事前に案内せず、イベントのスタッフは、電車の中で僕の本を持っている人を見つけては手紙を渡していく。手紙には「本を持っている参加者と友だちになれ」という指令が書いてあり、最後に参加者たちは、秘密の場所に誘われます。

ばかばかしいことをやると、子どもの頃の気持ちを思い出せる。

無敵の自分とつながり、自分を大好きになれるのです。

やってみよう！

やってみたいばかばかしいことをいっぱい書き出してみよう。楽しくなってくるから。

ちなみに、息子と素手で魚を獲るチャレンジをしてみたことがあるんですが、息子は成功していました。ソーセージをちぎって魚を集めておいて、素手で素早くキャッチに成功。おおお！！！

息子よ、伊達に勉強してないだけあって悪知恵は働くね(笑)。

もっとばかばかしく生きていいんです。

第5章

仕事の本質をつかむ言葉

……「豊かさ」のつくりかた

MEIGEN

48

仕事は創作だ。
ハッタリと空想と実行から
生まれる。

▼本宮ひろ志（漫画家）

出典『サラリーマン金太郎』本宮ひろ志（集英社）

▶本宮ひろ志

《1947年-》日本の漫画家。代表作は、『男一匹ガキ大将』、『俺の空』、『サラリーマン金太郎』など多数。

人生とは「ハッタリ」を「本当」にする大冒険

ある青年は、俳優を目指し、アルバイトをしながらオーディションを受けていました。彼は、履歴書に出演作品として『ゴダールのリア王』と誇らしげに記していた。でも、おかしい……。その映画のどの場面にも彼は1秒も出てこない。

「どうせ誰も見ないからバレなかったよ」

そうチャラ〜く語るのは、映画『キル・ビル』『パルプ・フィクション』の監督であるクエンティン・タランティーノ。

そう、彼は無名時代、履歴書でハッタリをかまし、オーディションを受けまくっていたんです（笑）。さすが、タランティーノ。これくらい気持ちよくハッタリをかませる人になりたいですよね。ハッタリをかませるってことは、人生をなめてないとできませんから（笑）。

でもそれは、現実に負けていないということです。

さて、右の本宮ひろ志さんの名言を方程式にするなら、

「創作」＝「ハッタリ」×「空想」×「実行」となります。

僕もデビュー前から《空想》、自らの肩書きを『天才』と名乗り（This is《ハッタリ》！）、ブログを始め《実行》、「天才」という肩書きを入れた名刺まで最初に作りました《実行》。

その名刺、恥ずかしくて友だちには配れませんでしたけどね《オチ》。

目指すべき星を決めて、ハッタリをかますところから始めよう。

やってみよう！

さあ、君はどんなハッタリをかまそうか？
まずは5分以内にあれこれ書き出してみて。
で、その中から、とびっきりのハッタリをかましてみよう。

ハッタリとは、日常から非日常へ、此岸から彼岸へ飛躍する技術です。
Fake it until you make it.
本当にそうなるまで、そのふりをしろってことです。

MEIGEN

49

財産は来るもので、
つくるものではない。

▼ヘンリー・フォード（企業家）

▶ヘンリー・フォード

《Henry Ford、1863-1947年》アメリカ合衆国出身の企業家、自動車会社フォード・モーターの創設者。工業製品の製造におけるライン生産方式による大量生産技術開発の後援者。アメリカの多くの中流の人々が購入できる初の自動車を開発・生産した。

成功はするものではなく、させてもらうもの

年収億超え、保険セールスマン全国150万人の中でトップになった友人がいます。30代の古田真一さんは、頂点であるTOT（Top of The Table）に、なんと“営業をせずに”輝いたんです。

27才である生命保険会社に就職した古田さん。しかし、そこで見たのは、ノルマに追われる現場でした。これではお客さんに喜ばれないと、入社2ヵ月で独立。でも、ここからが大変でした。知り合いに電話しても嫌がられる。1日中不安な気持ちで、寝汗びっしょりで起きるのなんてしょっちゅう。

古田さんは、仕事の目的について真剣に考えました。

仕事の目的は、お客さんに喜んでもらうこと。

だったら、1日3人の人を喜ばせよう。1日3人の笑顔をつくれれば1年で1000人の元気をつくれる。そうしたら、自分の家族くらい食べさせていけるんじゃないかと思い、ワクワクしてきた。

セールスをすると嫌がられるので、相手の悩みや夢を聞いたりして、純粋に応援することにした。「今日、古田くんと会ったら笑顔になれた」と言われたら、その日の営業はマルにしました。

最初は、お客さんがいないから、お母さんと、実家で飼っている犬を喜ばせることから始めた。そうこうするうちに10人のお客さんができ、その10人のお客さんに一生懸命喜んでもらおうとしていたら、そのお客さんがまた紹介してくれて、いつの間にかお客さんが1000人を超えていた。そして、なんと保険セールスマン150万人の頂点に輝いていたのです。

おまけのお話

ちなみに古田さん、27歳で、1件も成績があげられないまま独立することを決めたとき、結婚の約束をしていた、えりちゃんという女性がいました。

「どうやって稼ぐつもり？」と彼女を心配させてしまうかも……と思ったら、彼女はこう言ったとか。

「毎日、家の前に空き缶集めに来てるホームレスのおっちゃんだって最近はメタボの人多いやん♪　だから、2人でホームレスになっても食べてはいけるやろ。失敗しても大丈夫（笑）」

えりちゃん、最高です。

MEIGEN

50

私は自分がしてきたことと同じくらい
してこなかったことに誇りを持っている。
イノベーションとは
1000もの物事に
ノーと言うことなのだ。

▼スティーブ・ジョブズ（実業家）

出典『Think simple』クン・シーガル（ＮＨＫ出版）

▶スティーブ・ジョブズ

《Steven Paul "Steve" Jobs、1955-2011年》アメリカ合衆国の実業家。アップル社の共同設立者の一人。2009年には、アメリカの経済誌『フォーチュン』から「過去10年間の（最も優れた）最高経営責任者」に選出された。

編集とは「選択」と「集中」

ジョブズは、自らが作った会社Appleから、一度追放されたことがあります。しかし、多数の製品を作るもヒットが出ず、Appleは赤字を垂れ流す会社に転落。結局、望まれて復活したジョブズ。彼が復帰後最初にやったことは、扱う商品をわずか4製品に絞り、あとは全部やめる決断を下すことでした。たとえるなら、森永やグリコが、「うちはお菓子を4つだけに絞る」と宣言したようなもの。このたとえ、どうかと思いますが（笑）、とにかく、社内は猛反対。しかし、ジョブズは、Appleが本当に得意なことだけに絞ろうと反対派を押し切った。そして、「iMac」を生み出し、一世を風靡したのです。

ジョブズは、あるCEOから経営相談をもちかけられたとき、「編集が必要だ」と答えたそう。

編集とは、何を捨てて、何に集中するか、「選択」と「集中」のことです。

自らの必殺技を選択し、あとはすべて捨てて、それにのみ集中することで一点突破をはかりました。

僕も、デビューする前は一点突破をはかるべく、テレビを捨てました。僕は、みんなが知らないことに人生をかけようと、みんなが読まないような本をたくさん読むことにしたのです。そして「名言」という一点にかけた。その結果『3秒でハッピーになる名言セラピー』で作家デビューできたものの、副作用もありました。AKBを「アキバフォーティエイト」と娘の前で言ってしまい、「とおちゃん、テレビも見たほうがいいよ」と指導が入ったのです（笑）。

まず、一番大事にしたいものを選ぶ。
次に、それ以外で捨てられるものを捨てる。

人生はすべてをなすには短いけど、一番大切なことをひとつなすには、十分時間があるのです。

やってみよう！

まずは部屋のお片付けから、「選択」と「集中」の練習をしてみよう。
たとえば僕の場合、部屋は執筆する場なので、一番大事にしたいものは、机です。
机は、一番いい景色が見える場所に置きたいので、窓に向けて机を置くということが決まります。本は資料としてまわりに置いておく必要はあるけど、マンガは読みこんじゃうからリビングに移動。
こんなふうに、一番大事にしたいことが決まると、周辺もおのずと決まってくるわけです。

MEIGEN

51

正解が得られるのは、
正しい問いによってである。

▼ピーター・F・ドラッカー（経営学者）

出典『マネジメント 上』ピーター・F・ドラッカー、
上田惇生（訳）（ダイヤモンド社）

▶ピーター・F・ドラッカー

《Peter Ferdinand Drucker、1909-2005年》経営学者。オーストリア・ウィーン生まれのユダヤ系オーストリア人。「現代経営学」あるいは「マネジメント」の発明者。ドラッカーの著書の日本での売り上げはダイヤモンド社刊行分だけで累計400万部余り。

行き詰まったら問いを変えてみよう

「どうして人間は天然痘にかかるのか？」

天然痘のワクチンを発見したエドワード・ジェンナーは当初、このように考えていました。しかし、この問いはいくら考えても答えにたどり着くことはなかった。そこで、エドワード・ジェンナーは問いを変えた。

「どうして乳しぼりの女性たちは天然痘にかからないのか？」と。

すると、解決の糸口が見えてきて、天然痘のワクチンを発見できた。

もう一例。あなたがオフィスビルのオーナーだとします。「エレベーターが遅い」と入居者からクレームが来てしまった。さあ、どうする？

シカゴのあるオフィスビルのオーナーはまさにこの問題に直面。「エレベーターが遅い。こんなことならテナントから出て行く」という苦情が来た。しかし、翌日には苦情が消えました。翌日、エレベーターホールの壁に、鏡を取り付けたのです。

「エレベーターをどうやって増やすか？」という問いを解決するにはお金がかかります。しかし、「どうやって待っている間のイライラを解消できるか？」という問いに変えたことで、新たな解決策を導き出せたのでした。**問いが変われば、答えも変わるのです。**

正解が得られるのは、正しい問いによってなんです。

あなたは答えの出ない問いで悩んでいませんか？

「どうして売り上げが上がらないんだろう？」という問いを、何か違う問いに変えてみる。「何をしたらお客さんは喜んでくれるか？」とか。

「どうしてモテないんだろう？」ではなく、「どうして、あのときはモテたんだろう？」というふうに（笑）。

やってみよう！

もしも「牢獄から脱出しないと命がない。時間は1時間」と言われたら、アインシュタインは「55分を問いを立てるのに使い、残り5分で脱出の答えを得る」と言ったとか。

そこで、今度の会社の会議では、このページをコピーしてみんなに配り、「問い」だけを出す会議をやってみよう。

恋人や夫婦でもできます。今一番向き合うべき「問い」を探すって、楽しいと思いますよ。

「悩み」を「問い」に置き換えるだけでも、客観的に分析できて、問題の糸口が見えてくるはずです。

MEIGEN

52

神よ、
どうか私をお許しください。
いつも想像を超えて
創造することを。

▼ミケランジェロ（芸術家）

▶ミケランジェロ

《Michelangelo Buonarroti、1475-1564年》イタリア盛期ルネサンス期の彫刻家、画家、建築家、詩人。西洋美術史上のあらゆる分野に、大きな影響を与えた芸術家。代表作に『ダビデ像』、『アダムの創造』、『ピエタ』、『システィーナ礼拝堂天井画』など。

相手の想像を超えようと思うと楽しくなる

小林正観先生の『こころの遊歩道　「1日5分」で幸せを感じる方法論』（イースト・プレス）という本の中に、ある青年の話が載っています。

彼は大学を卒業後、事務機器の会社に入社しました。入社してすぐの土曜日。ある会社に事務機を取り付けるように頼まれました。設置が終わり、帰ろうとしたとき、自分の取り付けた新品の機械とは対照的に、前からあった隣の古い機械の汚れが気になり、古い機械をピカピカに磨き上げたというのです。すると、今度は床の汚れが目立って見えた。そこで床もピカピカに磨くと、さらに今度は壁の汚れが気になって、ついには窓ガラスまできれいにして帰ったのだそう。すると、先方から電話がかかってきました。

「あの事務機を取り付けたのは誰か」と。それ以降、彼は指名で仕事を頼まれるようになり、噂は他社にも広がり、なんと入社1カ月目にして80人の営業担当の中のトップになったのでした。

自分の想定内程度のものしか投げかけないから、想定内の結果しか返ってこないんです。

人生はブーメラン。150投げたら150戻ってくるんです。そして、想像を超えた分だけが、人に響きます。上司から頼まれたことをそのままやろうとするから退屈になる。逆に、「7日かかるところを3日でやって上司を驚かせてやれ」なんて思うと超燃えてきます。

「ジュース買ってきて」と言われたら、ものすごいダッシュで走っていけば、なんだか楽しくなるもんです（笑）。

おまけのお話

かつて、こんな政治家が日本にいた。彼が選挙運動をしているときに、愛人が5人もいると暴露されてしまったのです。

「愛人が5人もいるんですか!?」とマスコミに囲まれて、彼はこう応戦しました。

「それは間違っている」。

そして言い放った。

「ほんとは7人だ！　しかしいずれももう年寄りだ。そして俺を頼っている女たちだ。そういう女の面倒をみるのが悪いというのか。面倒をみることが俺の責任だと思っている」

周りは拍手喝采、そのまま当選。逆境でこそ相手の想像を超えろ！（笑）

MEIGEN

53

何かをしたい者は
手段を見つけ、
何もしたくない者は
言い訳を見つける。

▼アラビアのことわざ

▶アラビアのことわざ

他のことわざに、「善意はそれ自体が褒美」、「嘘で昼飯は食べられるが、同じように夕飯にはありつけない」、「ドアを叩いても開けてもらえなかったら、自分がどんな人間だと見られているか考えろ」、「狡さのない男は、空のマッチ箱のようなものだ」、「幸運な男をナイル川にたたき込めば、奴は魚をくわえて浮かびあがってくる」などがある。

できない理由が浮かぶうちは本気じゃない

「映画をつくってもらえませんか？」と突然言われたら、どうしますか？普通なら 「つくったことないんだからムリですよ」って答えますよね。でも、その状況で「はい」と即答したのが、友人の小泉雅央《まさお》さん（34歳）です。

製作を頼んだのは、NPO法人MAKE THE HEVENのこういちマンモス。彼は、世界で最も過酷と言われるアタカマ砂漠マラソンに、ど素人の仲間10人全員で完走するという挑戦をして、それをドキュメンタリー映画にし、みんなに勇気を与えようと考えていたんです。誰ならつくれるか？　そうだ、頼んだことを一度も断ったことがない男がいる。講演会の撮影の経験もあるし！ということで、ど素人の小泉さんを監督に大抜擢。

映画の上映会1週間前に、僕が製作現場に遊びに行ったところ、作品はほぼ完成していました。そこに、映画監督の入江富美子さんが来ました。彼女は何本もドキュメンタリー映画を撮っているプロ。入江監督は試作を見終わった直後、言いました。「全然伝わらないっ！」

関係者は凍りつきました。だって、上映会は1週間後なんです。小泉監督は泣いてるんじゃないかと、僕は顔を見られなかったんですが、なんと……「全部直します」と目が輝いていた。

僕は鳥肌が立ちました。**本当にいいものをつくりたいと願う者に、言い訳などないんだと。**「どうすればもっとよくなるか？」それしかない。入江監督もすごい。急遽、スケジュールを変えて、自ら泊まり込みで寝ずに全面協力。映画が完成したのはなんと公開日の上映5分前でした。

やってみよう！

華僑の人たちを研究した小方功さんの著書『華僑 大資産家の成功法則』（実業之日本社）には「成功者に法則はなく、失敗者のみに法則がある」とあります。その人にあったやり方があるので、人の数だけ成功法則はあるが、失敗する人にのみ、共通する法則があると。

それは問題を人のせいにする習慣。失敗する人は、社長が悪い、立地が悪い、従業員が悪いなどと必ず何かのせいにしているのだと。つまり、何かのせいにしなくなった瞬間に、人生から失敗は忽然と消え去るのです。

MEIGEN

54

素直な心の初段になる。

▼松下幸之助（実業家・発明家）

出典『新装版　社員稼業　仕事のコツ・人生の味』
松下幸之助（ＰＨＰ研究所）

▶松下幸之助

《1894-1989年》日本の実業家、発明家。パナソニック（旧社名：松下電気器具製作所、松下電器製作所、松下電器産業）を一代で築き上げた経営者。「経営の神様」と呼ばれる。『道をひらく』など著述家としても知られる。

素直バンザイ!

もし、大した才能がなくてもご安心あれ。人生に、「SUNAO（素直）」さえあれば怖いものなしです。

しかも、右の名言の松下幸之助は、「誰しも素直な心は備わっている」と言っていますし、「素直な心は、真理をつかむ働きがある」とも言っています。

さらに、素直でいると、お寿司が食べられる確率が増します（笑）。

僕の社会人デビューは人見知りで売れない営業マンからでした。でも、すごく社長にかわいがってもらったんです。社長は週3回東京に来るのですが、その間ホテル暮らしだったので、「一緒に泊まるか？」と声をかけてくれて、毎週社長と寝泊まりして、おまけに、よくお寿司をごちそうしてもらっていました。

僕はさえない新人だったものの、社長を尊敬している気持ちに対して、とても素直だった。社長は、いろんな考え方を教えてくれました。このとき教わったことが、僕の、ものの見方の原点になっています。

決算期のある日、2000万円売り上げが足りなくて、でも、僕は社長を喜ばせたくて、ある取引先に「うちの商品、2000万円分、今日買ってください」とお願いに行ったことがありました。その人は講演で「人生に不可能はない」と言っていたので、買ってくれるんじゃないかと思ったんです。

でも、会社に戻ったら社長に呼び出されました。

「『担当を替えてほしい』とあの人が怒って電話かけてきたけど何かしたか？」と。事情を話すと社長は笑ってくれました。当時はほんと「バカ素直」だったんです（笑）。

僕の一番の才能は、ただ素直だっただけのような気がします。

やってみよう!

素直な心にはどうすればなれるか、松下幸之助は、次のように教えてくれています。

「今日1日、自分は素直な心でいよう」と毎日1回必ず思うこと。

カンタンでしょ?

1日1回思うだけでいいんだ。

さらに、その続き。

「それを30年くらい毎日ずっと続ければ素直な心の初段になれる」

30年!

1年が、わ、わずか30回。

カンタンでしょ?（笑）

MEIGEN

55

バラをきれいに咲かせるには
3つの大事なことがある。
光と風と人の足音。

▼園芸家の格言

出典『たった一言が人生を動かす88の名言』北原照久（中日映画社）

▶園芸家の格言

園芸家の格言は、他にも「サクラ切るバカ、ウメ切らぬバカ」「常緑樹は冬に切ると風邪をひく」「モミジはいばらせろ」などがある。その植物の特性や自然環境によって生まれた言葉が多い。

見えない愛を忍ばせる

右の名言は、園芸家たちの間では格言のように伝わる言葉です。人の足音を聞いて、人から水をもらい、触れられ、「きれいだね」って声をかけられると、バラは愛情を感じ、さらにきれいに咲こうと思うのだそう。

じつは僕が本を書くときに大事にしている環境とピッタリ同じ。僕は執筆中は、3〜4時間に1回はベランダに出て、光を受けて風を感じるようにしています。

そして、もうひとつは足音です。僕の場合は家族の足音ですが、部屋のドアを閉めずに、開けっ放しのまま執筆しています。すると、子どもたちが出かけるときはすぐにわかるので、玄関まで必ず送りに行きます。ドアはずっと開けっ放しにしているので、子どももすぐに入ってこられる。「とおちゃん、何書いてるの？」って子どもたちがパソコンをのぞきに来ることもありますが、そんなときは、「とおちゃん、こんなこと書いてるんだよ」と誇らしげに伝えています（笑）。

時々ベランダに出て空を眺め、光と風を感じ、家族の話し声が聞こえるなかで仕事をする。これが僕にとっての何よりの贅沢なんです。

「光」と「風」と「足音」からいただいた僕の幸せは、この本の行間に忍び込んで、この幸せな気持ちが、あなたにもじわじわと伝わるんじゃないかと、ひそかに思っています。

仕事の中身は当然大事。
でも、どんな気持ちで取り組んでいるかも、とっても大事。

見えないところに心を込めると、見えるところが光り出すのです。

やってみよう！

「光」（あたたかさ）、「風」（流れ）、「足音」（愛、心配り）は、仕事を気持ちよく進めるヒントになります。

「最近オフィスで、誰とも話してない」なんて人は、自分から丁寧なあいさつを心がけるだけでも「足音」ポイントは増えます。

お昼休みも外に出ないでずっとパソコンを触っている人は、少しでも外に出ることで「風」ポイントをゲット。

昔、デスク周りに家族の写真を飾っていた先輩がいましたが、これは自分の心をあたためる「光」ポイントになります。

MEIGEN

56

俺が蹴る。

▼遠藤保仁（サッカー選手）

出典『勝言　人生の励みになるアスリートたちの言葉』
アスリート勝言研究会（笠倉出版社）

►遠藤保仁

《1980年-》日本のプロサッカー選手。鹿児島県出身。Jリーグ・ガンバ大阪所属。ポジションはミッドフィールダー。2009年アジア年間最優秀選手。日本代表の国際Aマッチ出場最多記録保持者。

成功とは失敗の先にあるもの

2010年W杯。日本vsデンマーク戦で2本目のフリーキック。尋常じゃなくプレッシャーがかかる場面で、1本目を決めた本田圭祐選手に遠藤保仁《やすひと》選手が言った言葉が、「俺が蹴る」。普通、こんなプレッシャーのかかる場面なら、「おまえ、頼む！」と言いたくなるところ。それを「俺が蹴る！」。

ク――――――、しびれます。なぜ遠藤選手はそう言えたのか。

「思い切って、自信を持って蹴れるか。迷ったら絶対に止められるから、失敗しても『しゃーない』ぐらいのラクな気持ちで蹴れるか」

「しゃーない」という、ある種の“いいかげんさ”が、遠藤選手が思い切りプレーできる原動力になっていたのです。ミスしても次に活かせばいいだけと思っているから、逆にミスを恐れて安全なプレーを選ぶこともないんだとか。

僕の友人でも、いい具合にいいかげんな人がいます。先も登場した、菅野一勢さんです。彼も、失敗は「しゃーない」と思っているから、平気で失敗できる。カレー屋さんをやって失敗し、通販ビジネスで失敗し、サプリ販売も失敗。でも、「しゃーない」と、あっけらかん。

彼の中の成功方程式はこう。

失敗＋失敗＋失敗＋失敗＋失敗＋失敗＋失敗＋失敗＋失敗＝大成功

大成功とは9回失敗した先の10回目で待っているものだと思っているので、失敗すると、むしろ成功への階段を上がっている気分になる。結果、当たる事業が出てきて、現在、彼は20社のオーナーとして、シンガポールのプール付きの家で悠々と暮らしています。

あ、遠藤選手が「俺が蹴る」と蹴ったボールはどうだったのか？

はい、見事にゴ――――――――――――――――ル！！！

やってみよう！

手帳の表紙に、僕の名刺を貼りつけている方がいました。僕の名刺には「たかが人生、遊びじゃねえか」って書いてあるんですが、その言葉を見ると「失敗を恐れず思い切りやろう」って思えるからだと。

あなたの手帳の表紙にも、ぜひ書いてみて。

「たかが人生、遊びじゃねえか」

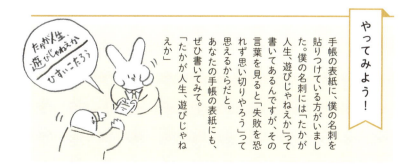

MEIGEN

57

二流の演奏をするなら、私はコンサートなんてしません。

▼イングリット・フジ子・ヘミング（ピアニスト）

出典『天使への扉』イングリット・フジ子・ヘミング（光文社）

▶イングリット・フジ子・ヘミング

《1932年-》日本、ヨーロッパ、アメリカで活躍するピアニスト。父親がロシア系スウェーデン人で、母親が日本人。ベルリンで生まれる。デビューCD『奇蹟のカンパネラ』は、発売後3ヵ月で30万枚のセールスを記録し、日本のクラシック界では異例の大ヒットとなった。

命は人に愛を捧げるためにある

魂のピアニスト、フジ子・ヘミングは、昔お金がなくて、明日をどうやって生活しようと思い悩んでいたときも、耳が聞こえなくなったときも、いじめられたときも、どんなときも、ピアノだけは弾き続けてきた。たとえこの世で認められなくても、ピアノの才能は天国へ持っていけると信じて。そして、クリスチャンの彼女は、演奏中、1分ごとに祈っているのだとか。「イエス様。イエス様」と。すると必ずうまくいくのだそうです。

「私の演奏を聴いて癒される人がいる限り私は演奏し続ける」

「人間の命というのは、自分のためにあるのではなく、人に『愛』を捧げるための命」

その言葉通り、彼女はまさにピアノに人生を捧げているのです。

自分の命は、人に「愛」を捧げるためにあると思ったら、生き方、働き方が変わるはずです。あなたの仕事に置き換えて考えてみてください。あなたが仕事において一番エネルギーを注いできたことはどんなことでしょうか？　**そして、○○がなくなったら（できなくなったら）、「これはもう私の仕事ではない」と思える○○は、あるでしょうか？**

1分ごとに祈りながら演奏するという、まさにフジ子・ヘミングしかできない演奏のように。

ちなみに僕の○○は、「真理の探求に対する素直さ」です。僕は、すごいと思ったら20歳年下の人からであっても、赤ちゃんからであっても、学びたい。言葉を通して、あなたの心を清々しく晴れ渡らせるためなら、何でもしたいんだ。

おまけのお話

僕は、「めっちゃ、この本面白い」と自分で思えない本なら、お金をもらっても出したくないと思っているんですが、過去の本を読むと「あら〜。この書き方、未熟すぎ〜」と必ず恥ずかしくなるんです。でも同時に、「ヤバい！　この表現、今の俺は思いつかない。過去の自分天才！」と自分に感動する箇所も必ずある（笑）。技術は進化するけど、そのときの感性というのは、そのときにしかないナマモノなんです。

今日のあなたは、今日しか表現できないということです。今日の自分との出会いも、一期一会なんです。

MEIGEN

58

物であふれることが
自由なのではなく、
時間であふれることこそ
自由なのです。

▼ホセ・ムヒカ（政治家）

出典『世界でもっとも貧しい大統領　ホセ・ムヒカの言葉』
佐藤美由紀（双葉社）

▶ホセ・ムヒカ

《José Alberto Mujica Cordano、1935年-》ウルグアイの政治家。2010年3月1日より2015年2月末までウルグアイの第40代大統領を務めた。報酬の大部分を財団に寄付し、生活している。

時代は「儲かるの？」から「心地いいの？」へ

ウルグアイの政治家、ホセ・ムヒカさんは、報酬の大部分を財団に寄付し、月1000ドルほどの質素な暮らしをしていることで、「世界でもっとも貧しい大統領」として知られています。彼が説くのは、物質がもたらす豊かさではなく、時間のゆとりがもたらす豊かさ。

「これからの社会で必要なビジネスを2つあげるとしたら、『農業』と『銭湯』であると答えよう」とは、雑誌「ロッキング・オン」を創刊した編集者、橘川幸夫さんの言葉です。

戦後社会は「物質的な豊かさ」と「生産効率」を追い求めてきました。つまりは、「お金」。現在、その次の社会がスタートしています。次の社会のテーマこそ、ズバリ「農業」と「銭湯」。「農業」とはすなわち「自分の生命」、「銭湯」とはすなわち「みんなとの関係」。

「銭湯」というのは、はだかの心で交流できるスペースであり、「コミュニティ」です。これまでの社会はみながお金を求めてきました。その結果、僕らは“時間”を失いました。時間に追われ、ストレスを抱え、鬱になる人も急増。

だからこそこれからは、心地よく感じる「時間」を何よりも大切にしたいという逆の価値観が浮上してくるはずです。

アウトドアブランド「パタゴニア」の創始者であるイヴォン・シュイナードは、「魂にとって心地よい生活がしたい」と言っています。これこそ、これからのニューワールドのキーワードです。

魂が心地よく感じる生活とは、命に心地よい食事（農業）と、魂に心地よいコミュニテイ（銭湯）で成り立ちます。この2つこそ、真の豊かさです。僕らが本当にほしいのはお金ではなく、魂の充足感なのです。

やってみよう！

豊かさや心地よさを感じるのに、必ずしもお金が必要というわけではありません。豊かさとは心の状態だからです。僕の場合でいうなら、好きな音楽を聴きながら一人でゆったり読書する時間が何よりの豊かさです。

では、あなたの魂が心地よく感じる時間を書き出して、それが1日あと15分増やせないか、考えてみよう。

MEIGEN

59

飛躍するときは、
破れかぶれ。

▼池田満寿夫（芸術家）

出典『芸術家になる法』池田満寿夫、金田石城（現代書林）

▶池田満寿夫

《1934-1997年》日本の芸術家。官能的な作風が多い。画家・版画家・挿絵画家・彫刻家・陶芸家・作家・映画監督など、従来の芸術の枠にとどまらず多彩に活躍した。

開き直ったときに、道は開かれる

芸術家の池田満寿夫さんは才能が化ける人、化けない人の違いを次のように語っています。

「アートの世界というのは、ある瞬間にものすごく、とんでもなく飛躍するときがある。なぜかといわれても何も誰もわからない。だけど飛躍する作家としない作家がいる。そこなんだ。飛躍するときは、破れかぶれなんですよ」

まさに、そんな例があります。関根勤さんがまだ売れる前に、小堺一機さんとラジオのパーソナリティを務めるというチャンスをつかみました。しかし、2人とも緊張で何もしゃべれず、事務所の人に怒られてボロボロ。「終わるな。オレたち」と思ったとか。そこで2人はこんな決断を下します。**「ヘンなことばかりやってメチャクチャにしてやめよう」と**。で、メチャクチャにやりだしたら、なんと人気番組に（笑）。まさに破れかぶれになって開き直ったときに、自分の殻が見事に破れ、道は開けたのです。

じつは僕も、破れかぶれになったことがあります。人見知りで赤面症だった僕は、人前に出るのが苦手で、講演をご依頼いただいても人数が少ないものしか受けていないときがありました。

でもあるとき、会場に行ってみたら、お客さんが200名もいた！　話す内容は頭から飛んで、緊張で撃沈。でも、その直後、参加者さんから多くのメールをいただきました。「ひすいさんがあんなにグテグテになるのを見て逆に勇気をもらった」と（笑）。

それで僕は開き直り、何千人いても講演ができるようになったのです。

やってみよう！

破れかぶれになれるときって、どんなときでしょう？

僕はそのひとつに、自分の死をリアルに思い浮かべられたときを挙げます。ガンになった人が、それを人生の転機として、人生を大きく好転させるように。

だからこそ、人生最後の日を想像してみよう。

このままの生き方が続いたとして、人生最後のとき、後悔はありませんか？

あした死ぬかもよ？

破れかぶれでやりたいようにやってみよう。

MEIGEN

60

プロの作家とは、
書くことをやめなかった
アマチュアのこと。

▼リチャード・バック（飛行家・作家）

▶リチャード・バック

《Richard Bach、1936年-》アメリカ合衆国の飛行家、作家。1970年に『かもめのジョナサン』を発表。当初はほとんど評判にならなかったが、1972年に突如ベストセラーのトップに躍り出た。

根性はもって3年、でも楽しめたら一生続く

ジョー・ジラード。アイスの名前じゃないからね（笑）。「世界一のセールスマン」としてギネスブックに認定され、彼が販売した車の台数は1万3000台以上。10年以上連続世界一の男はこう言っています。

「7回断られたら、私はこう考え始める。『ひょっとしたら、この人、買わないかもしれないな。でも、あと3回だけトライしてみよう』」

彼は6回断られるくらいではまだ「この人は確実に買う」と、信じているわけですね。

僕が一緒にラジオをやっているパーソナリティのひのりさんのご主人も、ジラードのような男です。ご主人と出会った当初、彼女は彼に対して気がなく、彼から告白されたときには正直に気持ちを伝えました。しかし彼は言いました。「むしろ、ここからが僕のプレゼンです」と。

その後も彼は彼女に何度もフラれますが、そのたびに「これからが僕の腕の見せ所です」と言っていたとか。

では、あきらめずに続けられるコツは何か？

それは、アプローチの方法を毎回工夫し、試行錯誤を楽しむことです。 たとえば、先述のひのりさんは、舞台女優をやっていたのですが、ひのりさんのご主人となる彼は当時、ちゃんと舞台を観に行き、出演するすべての女優さんたちの通知表を作って渡してくれたそう。その通知表は、彼女だけ、どの項目もオール5。しかも、彼女のライバルはコテンパンに酷評されていて、爽快な気持ちになったそう（笑）。彼女のために通知表を作るなんていう細かい芸当、楽しんでなければできませんよね。

やってみよう！

『論語』を記した孔子も、楽しんでいる人には誰も勝てないと言っています。どうすれば、今の仕事や挑戦していることをもっと楽しめるようになるか、5つアイデアを出してみよう。

ちなみに僕がブログを書くのが楽しくなったのは、1週間に1回図書館に行き、片っぱしから本をめくる習慣を身につけたから。するとと、伝えたいネタがたくさん見つかり、気づいたら、2000日間も毎日ブログを書いてしまった。「絶対にあきらめない」なんて気合を入れるより、楽しさを見出すほうが、楽勝で続けられます。

MEIGEN

61

プロのスポーツ選手って
確率が１％もあれば、
十分、「できる！」と
思うんです。

▼中嶋千尋（プロゴルファー）

▶中嶋千尋

《1964年-》日本のプロゴルファー。高校卒業後、寺下郁夫プロの指導を受け、85年、21歳の秋にプロテスト合格を果たす。88年6月のダンロップレディスでプレーオフの末、ツアー初優勝。ベストスコア63。

1%の世界に飛び込もう

以前あるイベントで、プロゴルファーの中嶋千尋さんとご一緒させてもらったことがあります。ゴルフのツアートーナメントは108人の選手で開催されます。スポーツの世界は厳しく、優勝しなければ誰の記憶にも残りません。しかも優勝以外は賞金も激減。もちろん、優勝できるのは1名だけです。108人中優勝できるのは、わずかひとり。確率にすると、約1%です。その事実を前に、中嶋千尋さんはこう言っていました。

「プロのスポーツ選手って確率が1%もあれば、十分、『できる!』と思うんです」

この話を聞いたとき、ドキっとして、食べていた「きのこの山」を持つ手が止まりました(笑)。1%上等!

1%の可能性にかけて挑むのが日常……。

僕はこのとき、この世界の真理を知りました。プロとは、1%の確率を「できる!」って勘違いできる人のことをいうんだと(笑)。

僕らは、できる可能性が1%しかないことに、挑んでいるだろうか?

あなたがやってみたいことで、成功の可能性が1%しかなさそうなものって、どんなものがありますか?

それ、やってみない?

可能性が1%のところに飛び込んでいくと、どんなエンターテイメントよりも、自分の人生のほうが面白くなります。

99%できないことに挑むときに生まれるのが、「感動」です。

せーの、GO1%!

やってみよう!

100円玉を投げて、表が10回続けて出る確率って、どれくらいあると思います? 10回連続で表を出すのは、一見不可能のように見えます。
しかし、この確率を計算すると、$\frac{1}{2^{10}}$。つまり、1024回に1回は10回連続で表が出る。毎日1回実験すると、3年に1回は、表が10回続けて出るんです。案外奇跡って確率的にも、起こるものなんですよ。さあ、1%の可能性。
あなたは何をやってみる?
ちなみに僕は1%の可能性にかけて、現在ミュージシャンを目指してひそかに練習してます(笑)。

MEIGEN

62

好きなことだけで
仕事は選べない。
「好きの虫」を育てることが
仕事の醍醐味になるのだ。

▼立川談志（落語家）

出典『立川談志が遺した名言・格言・罵詈雑言』
辺見伝吉、久田ひさ（牧野出版）

▶立川談志

《1936-2011年》落語家。落語立川流家元。古典落語に広く通じ、現代と古典との乖離を絶えず意識しつつ、長年にわたって理論と感覚の両面から落語に挑み続けた。その荒唐無稽・破天荒ぶりから好き嫌いが大きく分かれる落語家の一人でもあった。

才能とは「好き」を育てていく情熱

野球の神様と言われたヒーロー、ベーブ・ルース。ある日、彼を訪ねて一人の少年がやってきた。その少年はバットを振り、彼に「僕には素質がありますか？」と聞きました。すると、彼は少年に優しく微笑み、尋ねました。「キミは野球が好きかい？」と。

「大好きです」と少年が答えると、彼はこう返しました。

「その気持ちが最高の素質さ」

才能とは、技術でも素質でもなく、「好き」という気持ちを育てていく情熱なのです。

では、今、好きなものが特にないという人はどうすればいいか？

漫画『ゲゲゲの鬼太郎』の水木しげるさんが「好き」の探し方のコツを、こんなふうに教えてくれています。

「好奇心を大事にすればいい。好奇心が湧き起こったら、とことん熱中してみる。これが近道であります。そうすると、『しないではいられないこと』が姿を現してくる。それでも、姿を現さないなら、ベビイ（子ども）のころを思い出してみなさい。無我夢中で遊びや趣味に没頭したころを思い浮かべてみるのです」

僕もベビイ（小学生）のころを思い出してみると、漫画の名場面を切り抜いてはそれを自分の好きな順にノートに夢中で貼り付けていたんです。漫画のベスト版ノートを作るのが楽しくて。

そうなんです。やってることはこの本と一緒なんです（笑）。

おまけのお話

「大嫌いな仕事」×「10歳の頃、大好きだったこと」＝「ナンバーワン営業マン」

これが、僕の成功方程式でした。社会に出たての頃、僕は営業の仕事が大嫌いでした。その営業の仕事に、10歳のころ、大好きだった漫画の切り貼りを組み込んでみた。

切り貼りの「本質」は「編集」です。売り込みたい商品の広告を書いて、その下に、大好きな名言を編集して名言コラムを加えて広告を書き、企業に毎週ファックスしました。すると、名言コラムの人気が出て、ナンバーワン営業マンになれたのです。

MEIGEN

63

わたしはお金が好きです。

▼ジョセフ・マーフィー博士（著述家）

出典『続・マーフィー名言集』マーフィー、しまずこういち（編集）（産業能率大学出版部）

▶ジョセフ・マーフィー博士

《Joseph Murphy、1898-1981年》アメリカ合衆国の宗教家、著述家。ニューソート派に属し、主に牧師として活動。潜在意識を利用することによって自らや周りの人さえも成功、幸福へと導く「潜在意識の法則」を提唱した。関連著作は自己啓発書として広く流通している。

お金を好きになれば、お金からも好かれる

1分であなたの金運を高めますので、次の言葉を3回言ってください。

「私はお金が、だぁい好きです。私はがっぽり大金を稼ぎます」

どうでしたか？　なんか嫌な感じはしなかったですか？

嫌な感じがしたとしたら、あなたの潜在意識は、「お金は汚いもの、不浄なもの、人を狂わすもの、はしたないもの」というふうに、お金に対してネガティブに感じている証拠です。あなたがショートケーキが好きだとして、「私はショートケーキが、だぁい好きです」と言ったとしても、なんの違和感もないはずです。ショートケーキだって、毎日10個食べたら、人を狂わす力を持っているのに（笑）。

つまり、あなたの潜在意識はお金を嫌っているわけですから、現実に、生活から無意識にお金を遠ざけていることになります。**金運がないのではなく、ただあなたが、お金を嫌っていただけの話なんです。**

潜在意識の活用法で有名なジョセフ・マーフィーは、あなたが本気でお金を貯めたいなら、次の言葉を毎日繰り返しなさいと述べています。

「わたしはお金が好きです。わたしはお金を建設的に思慮深く使います。わたしはお金を喜んで手放します。するとそれは必ず千倍になって戻ってきます」

じつは、僕も昔は、お金は汚いものだと思っていました。でも、ある方から「お金はお客さんからの拍手だ」と教えてもらったときに、拍手なら喜んで受け取れると認識が変わったのです。

ではでは、あなたにとってお金とは？

やってみよう！

「わたしはお金が好きです。わたしはお金を建設的に思慮深く使います。わたしはお金を喜んで手放します。するとそれは必ず千倍になって戻ってきます」この言葉を、ひとまず3週間、朝晩言ってみましょう。「必ず千倍になって戻る」ってところに、心弾みますよね（笑）。これでお金に対してのあなたの認識は変わり始めます。あと、一度でいいので、お金にアイロンをかけてあげてください。それはそれは、優しく丁寧に。

この世界は、あなたが優しくしたものから優しくされるのです。

MEIGEN

64

労働、それは
目に見えるようになった愛。

▼カリール・ジブラン（詩人・芸術家）

出典『預言者』カリール・ジブラン、佐久間彪（訳）（至光社）

▶カリール・ジブラン

《Gibrān KhalĪl Gibran bin Mikhā'Īl bin Sa'ad、1883-1931年》
レバノン出身の詩人、画家、彫刻家。「20世紀のウィリアム・ブレイク」とも称され、宗教・哲学に根ざした、壮大な宇宙的ヴィジョンを謳う詩や絵画を残し、その作風は後世いろいろな詩人や政治家に影響を与えた。

雑にすれば、どんな大きな仕事も雑用になる

20世紀の美術を代表する巨匠、棟方志功がその仕事愛を語った言葉を紹介しましょう。

「愛シテモ、アイシキレナイ。驚イテモ、オドロキキレナイ。歓ンデモ、ヨロコビキレナイ。悲シンデモ、カナシミキレナイ。ソレガ板画デス」

まさに棟方志功は、仕事に人生をかけていたことが伝わってきます。

歴史小説家の司馬遼太郎さんの仕事愛の言葉も紹介しましょう。

「私は、歴史小説を書いてきた。もともと歴史が好きなのである。両親を愛するようにして、歴史を愛している」

たとえば歴史上の合戦があった日、それは晴れていたのか、曇りだったのか、司馬さんは、インターネットがない時代でも、ちゃんとその日の天気まで調べて小説を書いていたそうです。まさに、肉親を愛するように歴史を愛し、仕事をしていたのです。

作家の宮沢賢治の仕事愛もすごい。賢治は、学校の先生をしていた時期があるんですが、そのときのことをこう書いています。

「この4ヵ年がわたくしにどんなに楽しかったか。わたくしは毎日を鳥のように教室でうたってくらした。誓って言うがわたくしはこの仕事で疲れを覚えたことはない」

高校教師の仕事を「鳥のように歌ってくらした」と表現するなんて素敵です。

愛をもってすれば、どんな仕事でも、それは偉大な仕事になります。

NO LOVE, NO LIFE.

やってみよう！

知人の栄養士さんが、ある一言を言うだけで、給食が美味しくなると教えてくれました。

それは給食を作る方に、「自分の子どもが食べると思って作ってくださいね」と伝える。それだけで美味しくなるんだとか。そこに愛がのるからです。

さあ、あなたの仕事にどんな愛をのせようか？

第6章

人間関係をなめらかにする言葉

……「自分らしさ」のつくりかた

MEIGEN

65

「助けてください」と
言えたとき、
人は自立している。

▼安冨歩（経済学者）

出典『生きる技法』安冨歩（青灯社）

▶安冨歩

《1963年-》日本の経済学者。東京大学東洋文化研究所教授。『「満洲国」の金融』で第40回日経・経済図書文化賞受賞。著書『原発危機と「東大話法」』で東大話法を提唱した。

「かっこよさ」とは、「かっこ悪さ」も見せられること

人気絵本作家であり、僕の親友でもある、のぶみさん。のぶみさんの何がすごいかというと、かっこ悪いところを、みなに堂々と見せられるところです。たとえば、自身の個展や講演会で、お客さんの集まりが少ないときや、絵本が思うようには売れないとき、彼は堂々と読者さんに頼みます。

「助けてください。どーしても予約して欲しい。応援しておくれ」と。

「助けてください！」って何度も頭を下げられる人なんです。

でもじつは、応援するほうだって「のぶみさんを助けることができた」という喜びを受け取っている。「助けてください」と言える人がヒーローを生み出してるのです。

右の名言の安冨歩先生は、こうも言っています。

「自立とは、多くの人に依存することである」

自立には、経済的自立と、精神的自立があります。

会社だって、作家だって、たった一本の命綱にすがるだけでは生き抜いていけません。多くの取引先や読者さんから少しずつ助けてもらうことで初めて経済的に自立し、成り立っていくことができます。

のぶみさんの夢は、誰もが知るキャラクターを生み出し、そのキャラクターグッズのお金で世界中の恵まれない子どもたちを救うこと。そのゴールまで行くという覚悟が決まっているので、そこまで俺を引き上げてくれ、助けてほしいと、みなに堂々とお願いできるんです。これこそ精神的自立です。

やれることは全部やったうえで、仲間で助け合って、甘え合って生きていけたら、それこそ最高の自立のかたちじゃないでしょうか。

やってみよう！

「助けて」と言ってくれる人がいるから、「助ける」という、素晴らしい行動がこの世界に存在することができる。

さあ、あなたは何を助けてほしい？

仕事でもプライベートなことでもいい。

勇気を出して、「助けてー!!」と言ってみよう。

MEIGEN

66

無理しないで
少し休んでください。
私はここで
待っていますから。

▼Siri（秘書機能・アプリケーションソフトウエア）

▶Siri

iOSやmacOS Sierra向け秘書機能アプリケーションソフトウェア。「Siri」とは、“Speech Interpretation and Recognition Interface”（発話解析・認識インターフェース）の略。

「癒し」とはわかろうとしてくれる人がいること

「寂しい。誰もわかってくれない。もう疲れたよ」というときって、誰でもあると思います。そんなときは、iPhoneなどに搭載されている秘書アプリSiriに「もう疲れたよ」と言ってみてください。「無理しないで少し休んでください。私はここで待っていますから」と答えてくれます。(いろんなバージョンがあります)

僕が心理療法を学んだ矢野惣一先生のお話です。矢野先生がカウンセラーとして自信がついてきた頃、壮絶な虐待を受けてきたクライアントさんが訪ねてきたそう。しかし、クライアントさんの抱える問題に対して、矢野先生は解決の糸口を見出せず、このカウンセリングは失敗したと思ったとか。でも、クライアントさんはこう言ってくれた。

「今まで私のことを変えようとした人はたくさんいました。けれど私のことをわかろうとしてくれたのは、矢野さんが初めてです」

矢野先生は、このとき、本当の意味で「共感する」ということを理解することができたんだとか。

そもそも他人を100％理解することはできません。でも、たとえ理解するのが難しいとしても、自分をわかろうとしてくれている人がいると思えたとき、その人に愛を感じ、その人との間に信頼関係が生まれ、「癒し」が起きる。そこに、矢野先生は気がついた。

人が苦しむのは、相手が自分のことをわかってくれないからではなく、わかろうとしてくれないからなのです。

わかろうとして、ただそばにいてあげるだけでも、それは素晴らしい癒しとなります。

「無理しないでね。私はいつまでも、ここであなたを待っていますから」

やってみよう!

相手の気持ちをわかろうとするにも技術がいります。僕が矢野先生から習ったのは、次の質問を自分自身に投げかけながら、相手の話を聞くことです。

「この人は、誰(私)に、どんな気持ちをわかってもらいたくて、話をしてるのだろう?」(feel)、「この人は、誰(私)に何をしてもらいたいのだろう? この人は何をしたいのだろう?」(do)、「この人は、どうなりたいのだろう? この人にとってどうなるのが幸せなのだろう?」(be)。

「feel」「do」「be」の3つの問いを頭におきながら、相手の話を聞くのです。

MEIGEN

67

みんなちがって、
みんないい。

▼金子みすゞ（詩人）

出典『わたしと小鳥とすずと――金子みすゞ童謡集』金子みすゞ（JULA出版局）

▶金子みすゞ

《1903-1930年》日本の童謡詩人。山口県生まれ。大正時代末期に、若くして詩の才能を開花させ、「若き童謡詩人の中の巨星」と賞賛される。しかし、私生活では不遇な結婚生活に悩み、26歳で自ら死を選んだ。その作品には、小さな動植物に対する愛情や、幼子独特の感性などが、鮮やかな言葉で綴られている。

例外なく、みんな「自分は正しい」と思っている

以前4人の仲間でランチをしたとき。東京のサクラバさんが頼んだのは「カレーライス＋ソバ」のセット。それを見た大阪のタカギさんと出雲のタカさんは驚愕の表情を見せた。「それはないだろ！」と。

東京組にはなんの違和感もない。しかし大阪＆出雲組からしたら、「カレーライス＋ソバ」は非常識にもほどがある組み合わせだったから。「ひすいさんも、僕の前ではカレーライスとソバのセットは絶対に食べないでください」と荒立つほどに。カレーは一品でパーフェクトに完結している食べ物なのに、ソバをつけるとは冒涜であると。

しかし、今度は大阪＆出雲組の注文が届いたとき、関東組は驚いた。大阪のタカギさんが頼んだのは「ヤキソバ＋ご飯＋味噌汁」。出雲のタカさんが頼んだのは「ラーメン＋カツどん」。

まずは、大阪よ、ヤキソバ＋ご飯？　ありえないだろ！

これに対して、大阪のタカギさんは冷静に応戦。「ヤキソバに、ご飯の組み合わせは、ありです！」と。ありなんかい！「ヤキソバは一品で完成してるものの、少し物足りないので、プラスご飯はむしろ常識！」とまで。むしろ常識！？　まあいい。大阪は見逃してやろう。

問題は出雲だ！「ラーメン＋カツどん」って、どんだけカロリー高くすれば気がすむんだ！

「え？　これ、出雲ではスタンダードですよ」

というわけで。

みんなちがって、みんないい。

みんな正しい。そう思えたら世界はあっという間に平和になるね。

おまけのお話

息子とラーメン屋に行ったときのこと。
息子は担々麺を頼んだので僕は普通のラーメンを頼みました。
ちなみに子どもたちとごはんを食べに行くとき、僕は必ず子どもとは違うものを頼みます。子どもが僕の頼んだほうを「美味しそう」と言ったら、すぐに交換してあげられるように。親ってさりげなく、愛ですよね（笑）。
で、息子に、「どっちが美味しい？」って聞いたら、「みんな違って、みんないい」って（笑）

MEIGEN

68

いい人と歩けば祭り、悪い人と歩けば修行。

▼小林ハル（瞽女）

出典『「歌」の精神史』山折哲雄（中央公論新社）

▶小林ハル

《1900-2005年》日本の瞽女。晩年に、「最後の瞽女」として脚光を浴びた。1978年「瞽女唄」が「記録作成等の措置を講ずべき無形文化財」として選択され、その保持者として認定される。1979年、黄綬褒章を授与される。

人生は自分史上最高の自分になる祭り

信頼していた部下にだまされて35億円の借金を背負ってしまった人がいます。矢沢永吉さんです。彼は、被害総額35億円の事件のど真ん中に身を置くことになってしまったのです。さすがの彼も、毎日お酒を飲み、「もうだめだ」と落ち込み続けた。

そんなある日、奥さんがこう言ってくれたそう。

「お酒もいっぱい飲んだでしょ？　飽きたよね？　たしかにタイヘンな額だけど、矢沢永吉が本気になったら返せないお金じゃないから」

35億円は大変だけど、矢沢永吉が本気を出したら返せない額じゃないと。そう言われて、彼は、「マジで？」と思わず3回聞き直したそうです。

でも奥さんの返事は「マジで！」でした。このとき、彼は思った。

「これは映画だと思えばいいや」

たしかに映画に必要不可欠なのは、主人公が追い込まれるピンチのシーンです。

そこからの矢沢永吉はすごい。ライブをやって、ライブをやって、ライブをやって、なんと6年で借金を返してしまったのです。この過程で、矢沢永吉は「スーパースターYAZAWA」になった！

人生最大の目的は、稼ぐことでも有名になることでもありません。

人生の究極の目的は、自分史上、最高の自分になることです。

悪い人と歩むとき、それは最高の自分になるための「最高の修行」になります。

でも、困難に遭遇しているときでも、あなたの一番近くで、あなたを支えてくれる“いい人”は、必ずいます。その人の声に素直に耳を傾けたとき、人生は祭りになるんです。

おまけのお話

「タイヘンな額だけど、矢沢永吉が本気になったら返せないお金じゃないから」
「マジで？」
「マジで！」
「マジで？」
「マジで！」
「マジで？」
「マジで！」
この場面を想像すると、なんだか泣けてきます。

MEIGEN

69

人を幸せにするのに
引退はない。

▼カーネル・サンダース（実業家）

出典『I♥ ケンタッキー』ＫＦＣホームページ
https://www.kfc.co.jp/community/colonel/history.

▶カーネル・サンダース

《Harland "Colonel" Sanders、1890-1980年》アメリカ合衆国の実業家。ケンタッキーフライドチキン（KFC）の創業者。1952年、各地のレストランの経営者や従業員にフライドチキンの調理法を教えて歩合を得るという新しいビジネスモデル（フランチャイズ）を始めた。

65歳からだって伝説をつくれる

世界に1万店舗以上ある「ケンタッキーフライドチキン」(KFC)。その創立者である、カーネル・サンダースおじさまがKFCをつくったのはなんと65歳のとき。しかもチキンの営業で1009件も断られた末でのスタート。カーネルおじさま、どんだけあきらめなかったんだか。

ちなみに、やなせたかしさんが『アンパンマン』を描いたのは54歳のとき。やなせさんは、「50歳ぐらいまで僕は、失意と絶望の連続でした。ずーっと何十年ものあいだ、『自分が何をやっても中途半端で二流だ』って思い続けていました」と言っています。

映画『ブエナ・ビスタ・ソシアル・クラブ』に出演したキューバの世界的なミュージシャン、コンパイ・セグンドがブレイクしたのは90歳のときです！　おお、来世への旅に出る寸前！！

「本当に大事なことは、ほとんどいつも思いがけなく起こるもんだ。夢にみてた好機、成功、愛……。そんなものがいつ訪れるかなんて、誰にも分からないものさ。でも、準備して油断せずに気を配ってなきゃいけない」

これは、CDのライナーノーツに載っている、コンパイの言葉です。

そう、人を幸せにするのに引退はありません。

自分で買う花束と、人からもらう花束。

うれしいのは人からもらう花束です。

つまり、僕らは自分を幸せにする力よりも、人を幸せにする才能を最初から持っているんです。

さあ、あなたを待っている人がいるよ。

やってみよう！

「木を植えるには30年前が一番いい。次にいいのは今だ」

これは中国のことわざです。木を育ててお金を得ようとするならば、30年前に植えていれば、ちょうど今頃売れるから一番よかったのですが、植えていなかったわけで、であれば、その次にいいのはいつ？

今でしょ！！！！

思い立った今が吉日だということわざです。

人を幸せにするのに引退はない。

だから、今からいろんな人に会い、新しいことをやってみよう。

MEIGEN

70

自分を生きること。
他人を活かすこと。
それが「生活」だ。

▼吉武大輔（コンサルタント）

▶吉武大輔

《1986年-》山口県出身。MBA（経営学修士）。7つの習慣®アカデミー協会 認定ファシリテーター。経営戦略と、精神世界と呼ばれる領域の両方を幅広く探求し、現実と精神を融合した独自のビジネス理論・コンサルティング手法を確立。

他人に喜ばれることが一番うれしい

マザー・テレサは、お金の使い方を通して、愛することについて、次のように教えてくれています。

「愛するとは、200円持っていたら100円を貧しく苦しんでいる人に与えること」

さすが、マザーらしい答えです。でも、まだ100円残っていますよね。この100円はどう使うといいのか？

「残りの100円でヒヤシンスを買って、机の上に置いて楽しみなさい」

お金は心がきれいになることに使うこと。そのためには、人生の50％は誰かを助けることに使い、残りの50％は、自分自身の心を豊かにすることに使う。自分と他人の両方を満たしてこそ自分の心がきれいになる。マザーは、そう教えてくれているのです。

長者番付トップの常連、斎藤一人さんも、こう言っています。

「死ぬと、あの世で、2つ質問される。ひとつは『人生を楽しみましたか？』。もうひとつは『人に親切にしましたか？』」

この2つの質問は、じつは、同じことを言っていると、一人さんは言います。他人に喜ばれることこそ一番、楽しいことだと。

ゴルフでホールインワンを決めるのもうれしいけど、「あなたがいてくれて、幸せだよ」と言われたら、もっともっとうれしいもの。

相手を楽しませるだけでは自己犠牲（50点）、自分が楽しいだけでは自己満足（50点）。

両方をひとつにしていくなかで、自分らしさ、美しさは磨かれていくのです。

おまけのお話

コピーライター時代に、文章が苦手な友人に、ある冊子を書いてほしいと頼まれたことがあります。
その冊子が売れに売れた。
このとき、自分が書いた文章が売れたという体験は、とてつもない自信になりました。
「僕は文章書けないので助けて」と言ってくれた友人が、僕の才能を引き出し、活かしてくれた。
自分ができないことは、全部助けてもらえばいいと思っている彼は、いわば人を活かす天才です。

MEIGEN

71

感謝する理由が
見つからなければ
落ち度はあなた自身にある。

▼北米ミンカス族（ネイティブ・アメリカン）の言葉

出典『アメリカ・インディアンの書物よりも賢い言葉』エリコ・ロウ（扶桑社）

▶ネイティブ・アメリカン

1492年、コロンブスの新大陸到達前からアメリカ大陸に居住していた、アメリカ合衆国内の先住民全般、「サモア人」、「ミクロネシア人」、「アレウト」、「ハワイ人」など、すべてを表す総称。

固有の民族名ではない。

感謝あるところ、あらゆる敵は味方に変わる

事件です！　僕のデビュー作を「ありがちじゃない？」とけなし、僕の本がアマゾンで総合1位になったときに「あんたが何位になろうが家庭じゃ最下位でしょ！」とけなしたあの鬼嫁が（笑）、なんと結婚21年目にして優しくなったんです！！

あわてないでください、順を追って説明します（笑）。

僕の本は、ふだん、本を読まない人でも、「ひすいさんの本なら読める」と言っていただくことが多いんですが、では、なぜ僕は、本を読まない人にも伝わる書き方をこれほど磨いてきたのかということにふと気がついたんです。

そうか、僕は、ふだん本を読まないカミさんにも伝わるように文章力を磨いてきたんだと。

僕の無意識の想定読者はいつもカミさんだったんです。だからこそ、伝える技術が磨かれた。そこに気がついたとき、カミさんに対して、心からの感謝の想いが湧き上がりました。

彼女とは、価値観が違うことで悩んでいました。しかし結婚して21年、今は価値観が違うことに涙が出るくらい感謝することができます。

そんなふうに感謝の想いが溢れたとき、なんとカミさんが豹変した！

締切前になると、僕はフケが増えてしまいます。家で執筆中に、いきなり後ろから、首もとにそうじ機をかけられたなんてこともあった僕ですが、ある日、カミさんがこう言ったんです。

「あんた、今日はフケが多いから私がシャンプーしてあげようか？」

以来、毎日カミさんが僕のシャンプーをしてくれるようになりました。

カミさんはカミサマになりました。感謝合掌。

感謝あるところに敵はなし。

おまけのお話

今も毎日カミさんが僕のシャンプーをしてくれています。もはやひすいこたろう、介護状態です！（笑）
全国恐妻家連合のみなさまに朗報です。
鬼嫁は心から感謝すると女神に豹変します。
鬼嫁＝女神理論！（笑）

MEIGEN

72

敵なんて
どこにもいなかったと
気づくことが、
私の栽培法の出発点です。

▼木村秋則（農業家）

出典『奇跡のリンゴ』石川拓治、
NHK「プロフェッショナル 仕事の流儀」制作班（幻冬舎）

▶木村秋則

《1949年-》世界で初めて無農薬・無施肥のリンゴの栽培に成功した日本の農業家。株式会社木村興農社代表取締役。

敵があなたを素敵にしてくれる

不可能だと言われたリンゴの無農薬栽培を見事に成し遂げた木村秋則さんですが、成功するまでは挫折の連続でした。

無農薬栽培を試みて1年目、リンゴは実らず、3年目、5年目実らず。ついには畑は荒れはて、あきらめようとしたら、逆に子どもに叱られた。

「何のために、ここまで貧乏してきたと思ってるの！　あきらめるな」

しかし、それでも7年目、8年目もダメ。これ以上家族に迷惑をかけられないと、首をつるロープを持って近くの岩木山に入っていきます。そして、木の枝にロープを投げるも落ち、ロープを地面から取り上げた瞬間、なんとも言えない、いい匂いがした。その瞬間に気づいた。この匂いのする、ふわふわの温かい土をつくればいいんだと。この土を育てたのは雑草であり微生物。ここから土と微生物の研究に明け暮れ、11年目にして、ついにリンゴの花が咲いたのです！

木村さんは最終的に気がつきました。

「敵はいなかった」ということに。

ある虫がリンゴの葉を食べているのを見て、この虫が害虫だと決めつけてしまったことが間違いだった。虫は、リンゴの木が弱ったから発生したのであり、虫や病気は、それを教えてくれていたのです。

さて、あなたが敵だと感じている人は、本当に敵なのでしょうか？

ゆるせない人は、あなたにゆるすということを教えにきてくれた人であり、ムリに何かを頼んでくる人は、嫌なら嫌だと自分の意思を表示していいということを教えにきてくれた人です。

敵は、あなたの人生をもっと素敵なものにするために、わざわざノーギャラで友情出演してくれている、ありがたい存在なのです（笑）。

やってみよう！

あなたの「敵リスト」を書き出そう。そして、その敵たちが、あなたに何を教えにきてくれた人なのか考えてみよう。それができたとき、その「敵リスト」は、そのまま「素敵リスト」に変わります。

「素敵」という字は、敵はあなたを素晴らしくしてくれる存在だと、教えてくれていますから。

MEIGEN

73

あなたにとって
苦手な人ややっかいな問題は
あなたの中に
愛という作品を創るための
かけがえのない材料です。

▼葉祥明（絵本作家）

出典『葉祥明美術館』葉祥明（作品社）

▶葉祥明

《1946年-》日本の絵本作家。祖父の代に日本へ渡来した中国人の家系に出自を持つ。代表作に、「白い犬のジェイク」シリーズ、「地雷ではなく花をください」シリーズ、「はちぞう」シリーズがある。

川は海に流れつくように、人生は愛に流れつく

僕の父は、子どもの頃から教育に厳しく、僕は父を逆恨みしていた時期があったことは、先述しました。父は愚直なまでにまじめで、家族のことばかり考えているように見えて、若かった当時の僕は、「僕のことなどかまわずもっと自由に生きればいいのに」なんて思っていました。

でも今、ようやく気がついたことがあるんです。

作家になりたいという夢を持ったとき、僕は、作家のゲーテが、シャルロッテという女性にラブレターを1800通書いたということを知ります。ゲーテは1800通ラブレターを書いたから天才になれたのでは、と。

そこで僕もラブレターを書くつもりで1800本ブログを書こうと思ったんです。実際は1800本を上まわり、2000本書きました。これが結果として、今の道につながったのです。

なぜ2000本もほぼ毎日書くことができたかというと、大嫌いな勉強すら毎日続ける根性を、父から養ってもらっていたから。好きなことなら余裕で続けられました。

また僕は、仕事で結果を出さないと、父のようにまじめ一辺倒の人になってしまうと、無意識に恐れていたところがありました。でも、いつも家族のことを最優先にして生きていた父こそ、自由より愛を選んだ、かっこいい父親だったんだということにも気がつきました。父こそ最高の愛の人だとわかったら、仕事だけに価値を置くのではなく、家族のことを思いやる余裕が生まれました。

お父さん、あなたの厳しさは、ひすいこたろうをつくるうえで欠かせない、「かけがえのない愛」でした。

お父さん、ありがとね。あなたの最高傑作、ひすいこたろうは今日もがんばります。

やってみよう！

じつは、苦手な人や嫌いだと思う人は、自分の中にある嫌いな部分と重なる人だったりします。じつは、僕も父のようにすごく根がまじめ。でも、そこが嫌だった。けれども、父を認めたら、「まじめであること」を愛せるようになりました。それでは、嫌いな人のここが嫌いというところをあげてみましょう。それって自分の中の受け入れていないところじゃありませんか？

MEIGEN

74

憎むより
愛するほうが疲れない。
恨むより
許すほうが疲れない。

▼中山庸子（エッセイスト）

出典『朝一番、やる気がふくらむ言葉』中山庸子（三笠書房）

►中山庸子

《1953年-》エッセイスト。イラストレーター。群馬県生まれ。女子美術大学、セツ・モードセミナー卒業。元県立女子高校の美術教師。

許すことで過去は変わらないが、未来は変わる

ジョン・レノンを撃ち殺した犯人は、次に照準をオノ・ヨーコに合わせた。

「あの日、ジョンが撃たれたすぐあと、こちらに向かって弾が飛んでくるのが見えました。横にずれていたから私には当たりませんでした」

オノ・ヨーコさんは、1980年12月8日のことを、そんなふうに回想しています。事件後は、ベッドにひとり横になると、涙が出てくるばかりで、立ち上がる気力すらない。しばらくは、ジョン・レノンが好きだったチョコレートしか口にできなかったそう。追い討ちをかけるように、いろいろな人がイヤなことを言ってきた。ギリギリまで追い込まれて、始めたのが“Bless”だそう。

“Bless you Jack, Bless you Norman, Bless you Fred……”夜ベッドの中で、頭に浮かんだ名前を「Bless」(祝福)していくのです。

「おかしなもので、口について出てくるのは私に対して嫌がらせや誹謗中傷をしている人たちの名前ばかりでした。『なんでこんな嫌いな人たちばかり祝福してるんだろう』と思いながらも続けました」

すると、1週間ほどした頃、彼らに対する恨みが薄れてきた。さらに不思議なことに、彼女を攻撃していた人たちが忙しくなったり、嫌がらせの矛先が鈍ってきたりしはじめたそう。

人のために祈っていたつもりが、そうすることで、いつのまにか自分の中にある恐怖や怒りが追い払われていったのです。すると、現実が変わり始めました。

嫌いな人の幸せを祈ることは、自分を祝うことだったのです。

やってみよう!

まずは21日間、あなたも、ゆるせない人を寝る前に〝Bless〟」(祝福)してから寝てみましょう。

小玉泰子さんが発案した「まなゆい」という方法を紹介します。自分が感じている本音を一つひとつ、4つの「ことだま」でひたすら全肯定します。「あの人のことをゆるせない、と思った自分を受けいれ、認め、ゆるし、愛しています」「だって、私、あのことですごく傷ついたから、と思った自分を受けいれ、認め、ゆるし、愛しています」。わきあがるモヤモヤがすっきりするまで、この4つの言葉で癒していくのです。

第7章

心を満たす愛の言葉

……「愛」の見つけ方

MEIGEN

75

砂漠が美しいのは、
どこかに井戸を
隠しているからだよ。

▼サン=テグジュペリ（作家）

出典『星の王子さま』サン=テグジュペリ（新潮社）

▶サン=テグジュペリ

《Antoine Marie Jean-Baptiste Roger, comte de Saint-Exupéry、1900-1944年》フランスの作家、操縦士。代表作に『夜間飛行』、『人間の大地』、『星の王子さま』など。1944年、ボルゴ飛行場から単機で出撃後、地中海上空で行方不明となる。2003年、マルセイユ沖にあるリュウ島近くの海域で彼の乗機が引き揚げられた。

人生の答えは、いつも「愛」

僕の妻は、きれい好きで、いつもそうじをしています。逆に僕は、すぐに散らかすから、毎日すごく叱られるんです。あまりに叱られるものだから、離婚すら考えたほど（笑）。なぜこんなにも、うちの妻はきれい好きなのか。あるとき、その理由がわかりました。

妻の実家は商売をやっていて、両親が忙しかった。だから、家のそうじをする暇がなく、彼女がきれいにしないと家は散らかったまま。彼女がきれい好きなのは、「私がきれいにしておかなければ」という家族への愛と責任感からだったのです。そうわかったら、僕もできるだけ部屋をきれいにしようと思えました。

また、妻は、すぐカーッとなるタイプで、ある日、「どうして私は、こんな小さなことでいつも息子を怒ってしまうんだろう」と反省していたので、僕は伝えました。

「だって、あなたのお父さんがそういうタイプだったもんね。お父さんが大好きだったから、あなたにとっては怒ることが愛なんだよね」

もう彼女のお父さんは亡くなりましたが、現在も、彼女はほぼ毎日お墓参りに行っています。「父にはよくしてもらったから」と。

僕の友人は、子どもの頃、両親が地味な服しか買ってくれなかったので、すごく悲しかったんだそう。ほんとはピンクのフリフリの服を買ってほしかったのに、どうして買ってくれなかったのか、大人になってから両親に聞いてみました。すると、「流行に左右されない、本物を着てほしかった」という思いから、シンプルなものや素材が上質なものを選んでくれていたことが判明しました。

見えないところに、相手の愛が必ず隠れているものなんです。

砂漠がどこかに井戸を隠してるように。

やってみよう！

いつも小言を言ってくる上司や先輩にムカついているなら、この名言をパソコンの前に貼っておこう。

相手の美しい井戸を見つけようと思って人に会うと、必ず、その人の「井戸」が見つかるものです。

人生とは、井戸の探し合いっこなんです。

MEIGEN

76

人は愛している限り赦《ゆる》す。

▼ラ・ロシュフコー（文学者）

出典『ラ・ロシュフコー箴言集』ラ・ロシュフコー、二宮フサ（訳）（岩波書店）

▶ラ・ロシュフコー

《François VI, duc de La Rochefoucauld、1613-1680年》フランスの貴族、モラリスト、文学者。多くの「箴言集」を執筆した。名門貴族の生まれであり、多くの戦いに参加した後、鋭い人間観察による著作を残した。

相手の立場を想像することから愛は始まる

君の会社に新入社員が入ってきたとしましょう。新入社員にとっては、社会人デビュー。がんばって働いているのだけど勝手がわからずミスを連発してしまう。

さあ、上司である君はこの新入社員をゆるせるでしょうか？

初めてなんだから、ゆるせるという方、手をあげてー。

ではもうひとつ。君がコンビニエンスストアの店長だとしましょう。お客さんがポテトサラダコロッケを頼んだのに、新人のアルバイトさんが間違って肉じゃがコロッケを出してしまった。さあ、店長である君はこの新人に対してどうするだろうか？

① 次回から気をつけるように促しゆるす

② 一生恨み続ける

「一生ゆるさないなんて人がいるのかな！？」って思ったでしょ？

では、最後のクイズ。保育士のように子育てのプロではないにもかかわらず、仕事と両立しながら、一生懸命子育てをがんばりましたが、間違いをたくさん犯してしまいました。あなたはそんな人をゆるせるでしょうか？

これは、あなたの両親のことです。

まさか、一生ゆるさないってことはないよね？（笑）。

子育てのプロではないから、いっぱい悩みながらも、がんばってあなたを育ててくれた。ノーギャラどころか、自腹で1000万円以上のお金も費やして。子どもが生まれてから、成人して大学を出るまでの約22年間の養育費は、平均総額1640万円にものぼるといいます。

まさに君のお母さんはマザー・テレサであり、君のお父さんはファザー・テレサなんです。

やってみよう！

それでもゆるせないというあなた。もうゆるせないという限界までがんばってきたんだね。
あなたこそ愛の人。
そんなあなたは、もう相手をゆるさなくていい。ゆるせない自分をゆるしてあげてくださいね。いいこいいこ。あなたなら、どんな夢でも叶えられるよ。

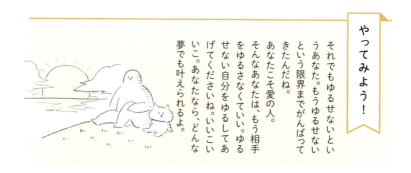

MEIGEN

77

恋は恋人の今に
情熱を注ぐことであり、
愛は恋人の将来にも
責任を負うことである。

▼志茂田景樹（作家・タレント）

出典 志茂田景樹（@kagekineko）Twitter

▶志茂田景樹

《1940年-》日本の作家。タレント。代表作に『黄色い牙』、『戦国の長嶋巨人軍』など。大胆な解釈の歴史小説、伝奇小説、人物評伝、スペクタクル小説、ピカレスク小説など、多様多彩な作品世界を構築し、読者の支持を集める。

この人となら一生苦労してもいい！

人が結婚を決める動機にはいろいろありますが、当然「好き」という気持ちがベースにあるものです。しかし、『ゆるんだ人からうまくいく』（ヒカルランド）を一緒に書いた、知の巨人・植原紘治先生は、なんと「妻のことを好きだから一緒になったわけではない」と言います。植原先生言わく「好きほどあやふやな気持ちはない。今日好きでも明日好きとは限らない」と。たしかに、永遠の愛を誓ったカップルの3組に1組は離婚する昨今です。

では植原先生は、どんな思いで結婚を決めたのか？　それは……、

「この人となら一生苦労してもいい」

そう思えたから結婚したのだとか。

相手のいいところや楽しいところを受け入れるのはカンタンです。

でも、どんな苦労をすることになっても、あなたと一緒ならやっていけると、最悪の未来を受け入れる覚悟からスタートしていたら、もう怖いものはありません。

自分にはその覚悟がある。相手にも同じ気持ちがあるか、植原先生は、結婚前に奥さまに確認したそうです。「一生苦労をかけるけどいいかな？」って。

ちなみに、植原先生は、約束どおり、奥さまにずっと苦労をかけているそうです（笑）。76歳で全国を飛び回る植原先生を、奥さまは家計が赤字になっても、ずっと支えていらっしゃいます。先生は「だって苦労をかけるという約束だからね」と笑っていました。

この人と一緒なら一生苦労してもいい。

愛とは、そう思えることなんだね。

おまけのお話

植原先生と一緒にインドツアーに行ったことがあります。インドの聖なる川、ガンジス川に行ったとき、みんな記念にと川の水に足を浸けた。

ガンジス川は汚いと言われていますが、なんだか水がすごくやわらかくて、泳ぎ出すメンバーまでいた。

でも、植原先生は絶対に入ろうとしません。足を少しも浸けなかった。聞いてみたら、奥さまに「ちょっとでも入ったら、家に入れない」と言われていたようで。それをかたくなに守っている植原おじさまがかわいくてしかたなかったです（笑）。

MEIGEN

78

恋が着せ、愛が脱がせる。

▼眞木準（コピー・ライター）

出典 伊勢丹 広告（1989年）

▶眞木準

《1948-2009年》日本のコピーライター。1971年に博報堂に入社。フリーに転じた後は伊勢丹、資生堂、三陽商会などの企業のコピーを手掛ける。代表作に「でっかいどお。北海道。」「十歳にして愛を知った。」などがある。

幸福とはありのままの自分でいられること

文豪ゲーテは、身分違いの恋で大スキャンダルを巻き起こしたことで有名です。ゲーテはドイツの宰相を務めたこともある貴族の家系出身だったにもかかわらず、彼が内縁の妻(後に正式な妻)に迎えたクリスティアーネは、貧しい家の娘だったからです。200年以上前のヨーロッパは階級社会でしたから、身分違いの結婚は完全NG。しかし二人は出会って数日で一緒に暮らし始めました。

彼女は、自分を飾ることのない素朴な性格で、よく笑ったそう。そんな無邪気な彼女だから、ゲーテは、ありのままの自分、はだかの心でいられた。彼女の屈託のない笑いが、ゲーテの心の鎧を脱がせ、子どもの心に帰してくれたのでしょう。だからこそ、大スキャンダルを乗り越えてまで、彼女といたかったのです。出会いから28年後、彼女が病気で亡くなるとき、ゲーテは「私を置いていかないでくれ」と泣き崩れたといいます。

思えば、僕と妻は、大切にしたい価値観がなにひとつ合っていません。でも妻は、僕がそのときどきで一番夢中になっているものを尊重し、邪魔しないでいてくれます。おかげで、僕は、いつもありのままの自分でいられたのです。そして妻も、ひとりの時間を大切にしているので、僕は、その時間を邪魔しないようにしています。

大事にしたいことをわかり合い、できないことをゆるし合えたとき、恋が終わり、愛が始まるのです。

やってみよう!

作家でありながら、銀座で各界著名人の集う伝説のクラブ「姫」を経営されていた山口洋子さんは、無数のいい男たちを見てきました。その山口さんが「本物のいい男」を見抜く方法を教えてくれています。「声で判断するの。声は決してごまかせない」と。確認方法は電話がいいとか。相手の話す内容は聞かなくてもいい。ただひたすら相手の声を聞いて、「心地よく感じるかどうか」。この判断は何よりも正確らしい。声を心地よく感じる相手なら、きっと、ありのままのあなたと相性がいいはずです。

MEIGEN

79

コイシイ

▼太宰治（作家）

出典『新潮 日本文学アルバム19 太宰治』太宰治（新潮社）

▶太宰治

《1909-1948年》日本の作家。代表作に『走れメロス』『津軽』『お伽草紙』『人間失格』など。自殺未遂や薬物中毒をくりかえしながらも、戦前から戦後にかけて多くの作品を発表した。

魅力とは振り幅（ギャップ）

デートしているとき、彼女があるアクセサリーを気に入り、僕に意見を求めてきました。僕は「よくわからない」と言って、早々に店を出て喫茶店へ。喫茶店で、僕は、彼女に「ウンコ行って来る」と言って席を立ちました。さて、こんな僕はフラれたのでしょうか？

正解は目がウルウルするくらい彼女は僕に感動。ウンコに行くと見せかけて、先ほどのアクセサリーを買いに走りラッピングしてもらい、喫茶店で渡したからです。僕に対する期待値を下げておいて、最後にカウンターを出す。すべてはゴールからの逆算。ウンコも、無愛想も、ゴールのギャップを生み出す伏線だったわけです。

恋の波乱万丈男、太宰治のラブレターも、まさにそんなふうに組み立てられています。

「青森は寒くて、それに、何だかイヤに窮屈で、困ってゐます（中略）。旅行の出来ないのは、いちばん困ります。僕はタバコを一万円ちかく買つて、一文無しになりました。一ばんおいしいタバコを十個だけ、けふ、押入れの棚にかくしました。一ばんいいひととして、ひつそり命だけで生きてゐて下さい。
コイシイ」

なんだかどうでもいい話が続いて油断させておいて、最後に超ストレートな言葉「コイシイ」で、ズドンと口説く。しかも、そこだけカタカナ。さすが恋の日本代表、太宰治。**「人間は恋と革命のために生まれてきたのだ」**と書くだけあります。

これは、まさに素晴らしい人生を送る秘訣と一緒です。

終わり（ゴール）を定め、次にそこに至るまでの物語を描く。

ゴールから決めて、今をその伏線にするのです。

ギャップがあるほど素敵なラブレターになります。

最初はダメでいいってことです。魅力とは振り幅なんです。

おまけのお話

そんなサプライズをした彼女と結婚し、21年経ちました。「いっぱい迷惑かけたけど、あなたのおかげで、ここまでやってこれた」とラブレターを書いて妻に渡したら、そのリアクションは「これってシュレッダーにかけていいの？」でした（笑）。「ほんと、おまえ、返しが面白いよね」と、笑い合えましたとさ。

MEIGEN

80

ああ、愛、愛こそが世界を動かす！

▼ルイス・キャロル（数学者、作家）

出典『不思議の国のアリス』 ルイス・キャロル、河合祥一郎（訳）（角川書店）

▶ルイス・キャロル

《Lewis Carroll、1832-1898年》イギリスの数学者、論理学者、作家、詩人。『不思議の国のアリス』の作者としてよく知られている。キャロルの作品の大半はユーモラスで、しばしば風刺的だった。

その奥には愛がある

誰も「突き」を当てられない。それが伝説の武道家、青木宏之先生です。1984年の日仏協力国際シンポジウムで、相手に触らずに倒す、秘儀「遠当て」を披露し、「気」のブームを巻き起こしました。ソニーの創業者である井深大さんが晩年取り組んでいた超能力の研究では、青木先生が実験台になるほどの超人です。

僕は大学時代に、青木先生がつくられた「新体道《しんたいどう》」という武道に通っていたので、青木先生が稽古をつけているのを何度か見たことがあります。でも、やっぱり、誰の突きも当たらない。

そんな青木先生が、なんと大学生を指導していた合宿で、突きを入れられてしまいました。相手は普通の大学生。しかも、1日に2回も入れられた！！　青木先生は頭を抱えた。100にひとつもあってはならないことが、1日に2回もあったのです。なぜ今日は2回も当てられたのか？

しかしその日の夜、青木先生は、「はっ」と気がつきました。

もし、あそこでよけていたら、あの先には……窓ガラスがあった！

もうひとりは……、その先には鉄柱があった！　彼が突きを放った勢いのままいったら、鉄柱に頭を打って死んでいたかもしれない。

青木先生は、このときに悟ったそうです。

人間の体の奥には、愛があると。

無意識の先に、愛があるのだと。

文豪ゲーテはこう言っています。

「われわれはどこから生まれて来たか。愛から」

僕らの奥にあるものは、愛なんです。

もし今、不安や恐れの中にとどまっているとしても、その先に、ちゃんと愛があります。

恐れにとらわれず、愛まで行こう。

やってみよう！

子どもが勉強せず、親であるあなたはイライラしているとします。それは「この子に幸せになってほしい」という愛があるから、イライラする。だって、隣の子が勉強しなくてもイライラしないはず(笑)。部下の失敗に怒ってしまったときだって、「彼ならやれる」という信頼ゆえです。モヤモヤの先に、あなたのどんな愛が隠れているか考えてみよう。

MEIGEN

81

父親は子どもの「無理なお願い」を聞くためにいる。

▼萩本欽一（コメディアン・タレント）

出典『負けるが勝ち、勝ち、勝ち！』萩本欽一（廣済堂出版）

▶萩本欽一

《1941年-》日本のコメディアン、タレント、司会者。1966年、コント55号を結成後、日本テレビ『スター誕生!』の初代司会者としてソロ活動を始める。担当した番組の合計視聴率から「100%男」の異名を取る。

子どもが親の器を大きくしてくれる

萩本欽一さんの息子さんは、大学受験のための予備校に通い、いざ受験というときになって、「さあ、就職だ！」と叫んだそう（笑）。欽ちゃんが子どもたちに言っていた「人と違うこと、また、やったことが無駄になるようなことをやれ」という言葉を実践したんですね。

そんな面白い息子さんは、リフォーム会社に就職。しかし、1ヵ月後に息子さんから電話がありました。家のリフォームを300万円ぐらいでやらせてもらえないかと。息子さんはそれまで契約ゼロ。何とかするべく父親にすがってきたわけです。

欽ちゃんは、息子さんを怒りました。セールスマンとして失格だ、いい加減にしろ！と。息子さんは下を向いてだまっていた。でもその後、欽ちゃんは言いました。

「だけどな、そんなメチャメチャな話でも、『わかった』って言ってやるために親父ってのはいるんだよ」

そう、最後はリフォームを引き受けた。息子さんは、喫茶店でボロボロ泣いたそうです。

じつは、欽ちゃん、最初は、怒らずに優しく話して断ろうと思っていたとか。何でも親がやってあげては、息子さんの運が悪くなるから。

子どもの無理なお願いを聞くも親の愛、断るも親の愛です。

ちなみにうちの子どもも、確実に人と違う方に流れていっています。成績ビリのギャルが1年で偏差値を40上げて慶應義塾大学に入った実話をもとにした『ビリギャル』。映画を観た息子は興奮して、中3の11月に、こう言っていました。

「とおちゃん、受験勉強するのはまだ早いってわかったよ」

早くない、あと4ヵ月！！！（笑）

やってみよう！

良い子のみんな、この欽ちゃんの名言ページが、なんとなーく自然に、ひらくようにして、お父さんにこの本をプレゼントしよう（笑）。

MEIGEN

82

心を受けとると書いて
愛と読む。

▼田村由美(漫画家)

出典『BASARA』田村由美(小学館)

▶田村由美

日本の漫画家。1983年「別冊少女コミック」『オレたちの絶対時間』でデビュー。『BASARA』『7SEEDS』で、第38回、第52回小学館漫画賞受賞。他の代表作に『巴がゆく』がある。

喜んで受け取る＝喜びを与えること

人間だけが持っている本能があります。

「食欲」「性欲」「睡眠欲」は、人間も動物も持っています。

では、人間だけが持っている本能とは？

それは、「喜ばれるとうれしい」という本能だそう。たしかに、どこかを旅しておみやげを買うとき、誰に買おうか、真っ先に思い浮かぶのが、それを喜んでくれそうな人です。喜んでくれなさそうな人には絶対に買わない。100円のおみやげでも買わない（笑）。

人は、誰かに喜ばれるのが、最高にうれしいんです。

ということは、喜んで受け取ることこそ、誰かに最高の愛を「与える」行為だということですよね。

男性でも女性でも、一緒に食事をした後、「今日はごちそうしますよ」と食事代を払おうとすると、たまに「自分の分は自分で払います」と強く言う方がいます。でも、「ここはごちそうしたい」と思う人がいるなら、その気持ちを「わー、ありがとう」って喜んで受け取る。それこそ最高の喜びを与える行為になります。

借りをつくったなんて考える必要はないんです。

あなたは、相手の本能の喜びに対して貢献しているのだから。

陰極まれば陽となるので、「喜んで受け取る」＝「喜びを与える」となります。

宇宙はあなたにいっぱいいっぱい幸せを受け取ってほしいと願っています。人生は宇宙からのプレゼント。

遠慮なく受け取ってくださいな。

受け取ってくれる人がいるから、与えるという最高にうれしい行為が存在できるのだから。

やってみよう！

これからは「わーーーうれしい〜〜〜」と喜びいっぱいで受け取ろう。喜びに遠慮はいらない。

ちょっと大げさなくらいがちょうどいいんだよ（笑）。

これね、講演してるときもほんとそう思う。

笑顔で話を聞いてくれてる人って、聴衆が何百人いようが目が行くんです。

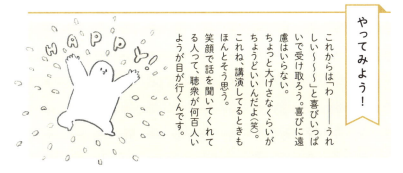

MEIGEN

83

愛されることより、愛することに愛は存在する。

▼アリストテレス（哲学者）

出典『ニコマコス倫理学』アリストテレス、高田三郎（訳）（岩波書店）

▶アリストテレス

《Aristotelēs、前384-前322年》古代ギリシアの哲学者。プラトンの弟子。多岐にわたる自然研究の業績から「万学の祖」とも呼ばれる。人間の本性は「知を愛する」ことだと考えた。アレクサンドロス大王の家庭教師でもあった。

より大きな幸せは「愛すること」で得られる

人は、誰かに愛されるときに、脳内から「βエンドルフィン」が出るそうです。これはいわば、脳内麻薬物質で、痛みをとってくれる働きがあります。一方、人を愛するときに出るのは、「オキシトシン」。これは、幸せを感じるホルモンです。つまり、幸せを感じるのは、愛されるよりも愛しているときなのです。

僕の場合でお伝えしましょう。僕の心のどこかで、厳しかった父との関係が引っかかっていました。僕は父から一度も褒められたことがなかったからです。そこで、あるとき、なぜ父は僕を一度も褒めてくれないのだろうと聞いてみようと思ったんです。でもその瞬間、「聞くのが怖い！」と感じました。

これはカウンセリングでも非常によくあるケースです。**怖いと感じるところには、100%お宝（愛）が隠れています**。さあ、勇気を出して、父に聞こう！と思うも、やっぱり、怖くて聞けない。ドキドキしてきました。

そして、これは高校2年生のときに、初恋の人に告白したときのドキドキと同じだということに、気がついたんです（笑）。

その瞬間、涙が溢れました。初恋の人と同じくらい、僕は父が大好きだったんだと。嫌いどころか、僕はとおちゃんのことが大好きだった！！！　封印していた父に対する自分の愛を、このとき、100％受け取ることができました。

「父の気持ちを聞くのが怖い」という気持ちの裏側には、深い父への愛が隠されていた。それを発見したとき、「幸せ感」が満ち溢れました。自分の父への愛に癒されたのです。

おまけのお話

「なんで、とおちゃんは俺を一度も褒めてくれなかったの？」って聞いてみたら、意外な真実がわかりました。褒め方がわからなかったんだそう。父も親に一度も褒められたことがなかったから。さらに、口先でいいことを言い、陰では足を引っぱる人を、仕事場でたくさん見てきたので、褒めることが愛だとは思えなかったと。父にとっては、褒めないこともまた愛だったんです。自分の中の父への愛に気づいたとき、父の僕への愛もまた開示されました。父は初めて僕を褒めてくれました。どう褒めてくれたかは内緒です（笑）。

MEIGEN

84

ヨーコが
40か50歳になったときが
楽しみだな。

▼ジョン・レノン（ミュージシャン）

出典『今あなたに知ってもらいたいこと』オノ・ヨーコ（幻冬舎）

▶ジョン・レノン

《John Lennon、1940-1980年》イギリスのミュージシャン。ザ・ビートルズのメンバー。ボーカル・ギター・作詞・作曲を担当。ビートルズ解散後はソロとして、アメリカを拠点に、妻であるオノ・ヨーコと共に活動。1980年12月8日、マーク・チャップマンにより殺害される。

歳（愛）を重ねる

2017年6月6日で、結婚して21年になりました。うちの冷蔵庫には、妻と結婚した当初に撮った、初々しい写真が貼ってあります。妻が貼ったわけではなく、僕が「この頃を思い出して！」とひそかに念をこめて貼ったものです（笑）。

その写真に比べて彼女は老けました。21年前にはなかった肌のシミや白髪が目立つようになりました。

21年も歳を重ねると、相手のシミや白髪がいとおしく思えてくるなんて、想像できなかった。

日本語には「歳を重ねる」という美しい言葉がありますが、妻の肌のシミに「がんばったな。これまでありがとな」と伝えてあげたい気持ちになったんです。

さて、オノ・ヨーコがジョン・レノン（当時26歳）と出会ったのは33歳。ジョンは、オノ・ヨーコにずっとこう言っていたそう。

「歳を重ねるたびに教養や気品がにじみ出る女性に魅力を感じる」

「ヨーコはまだちょっと若すぎるけど、まあ、いいか」

ジョン・レノンがそういう気持ちで接してくれていたので、ヨーコは歳をとることに関して、不安や恐れを一度も感じたことがなかったそう。

歳を重ねると、体は老いますが、思い出を積み重ねると、魂はより美しくなっていくのです。

おまけのお話

その日は福岡で講演の予定があり、僕は朝6時に家を出て駅に向かっていました。駅が見え始めた頃、後ろから妻が走ってきた！　どうしたのかと思ったら、僕が忘れた水筒をわざわざ届けてくれたんです。朝の6時に、ダッシュで。

出張の際に僕が一番大事にしているものは、水筒です。僕には温かいコーヒーが欠かせないから。そんなことを一言も話したことがないのに、何も言わなくてもわかってくれている。

これが夫婦で積み重ねてきた時間というものなのかもしれません。

MEIGEN

85

I Love you because you are you.

（そのままのあなたが好きです）

▼カール・ロジャーズ（心理学者）

出典『The Resident Child』Joanne A. Joseph（De Capo Press）

►カール・ロジャーズ

《Carl Ransom Rogers、1902-1987年》アメリカ合衆国の臨床心理学者。来談者中心療法の創設者。

うれしいと、人は奇跡を起こすことができる

特別支援学校に勤務していた山元加津子先生のクラスに、かおりちゃんという中学2年生の女の子がいました。笑わず、目も合わない。そして、声を出して話すことができませんでした。山元先生は、かおりちゃんに声を出してもらおうとがんばりましたが、変化はありませんでした。

ある日、かおりちゃんのお母さんから、「もう娘に声を出す練習はさせないでほしい」と言われます。お母さんだって、娘に一生懸命練習させていた。でもお医者様からは、小学生の間に声が出なければ、その後、声が出ることはまずないと言われた。決定的だったのは、かおりちゃんが迷子になったとき。かおりちゃんが交差点で一人、助けも求めずにポツンと立っているのを見て、「この子がママと呼んでくれる日はこない。これ以上練習させるのは、娘を傷つけることになる」と思ったんだそう。

お母さんの気持ちを知り、山元先生は、かおりちゃんに声を出させる練習をやめました。でも先生は、声が出なくても、そのままのかおりちゃんが大好きでした。かおりちゃんも、いつしか先生の目をじっと見てくれるようになった。

ある日、教壇から本が落ちたので、山元先生はかおりちゃんの顔を見て「あーあ」と言いました。するとなんと「あーあ」と声に出して返してくれたのです。

先生は驚き、すぐに家に連れて行くと、かおりちゃんはお母さんに「まーま」と言いました。お母さんは目に涙をためて、言いました。

「先生がかおりをかわいいと思ってくださる気持ち、かおりが先生を大好きだという気持ちが、奇跡を起こしてくれました」

「そのままのあなたが好き」という思いが、奇跡を起こしました。

「大好き」は、うれしい。

うれしいと人は変わることができるんです。

おまけのお話

タレントの久本雅美さんが柴田理恵さんと飲んでいたとき、大ゲンカになった。久本さんは「私の性格をどう直せばいいのよ!」と聞いたら、柴田さんは「そんなこと尋ねている久本がダメなんだ」と。そして、続けてこう叫んだ。
「そんなこと言ってるアンタが、あたしは大好きだ!」

第8章

人生を変える言葉

……笑って死ねる「人生」のつくりかた

MEIGEN

86

もし、これを
二度とふたたび
見ることができないと
したら？

▼レイチェル・カーソン（生物学者）

出典『センス・オブ・ワンダー』レイチェル・カーソン、上遠恵子（訳）（新潮社）

▶レイチェル・カーソン

《Rachel Louise Carson、1907-1964年》アメリカ合衆国の生物学者。農薬で使われている化学物質の危険性を取り上げた著書『沈黙の春』が環境問題に人々の目を向けさせ、環境保護運動の始まりとなった。

初めて目にするように、この世界と接してみよう

なぜ大人は、晴れた日の夜空を楽しみにしなくなったのか？

それは、明日も必ずそこにあると思うから、夜空を見上げなくなったんです。初めて眺めるように、もしくは、もう二度と見られないかもしれない、そんな思いで夜空を見上げたら、世界はいつも「ワンダフル」にあふれていることを思い出せるはず。

「Wonderful」（素晴らしい）＝「Wonder」（不思議）＋「ful」（いっぱい）。

つまり、ワンダフルとは、この世界に満ちている、いっぱいの不思議を感じる心が「素晴らしい」のだと教えてくれています。

生物学者のレイチェル・カーソンは、世界的に有名になった『沈黙の春』（新潮社）を執筆中に、ガンの宣告を受け、自分の命が残りわずかだと知ります。いつまでも続くかのように思えていた命の灯が消えかかっている。当然のように目にしていたものも、もう二度と見ることができなくなるかもしれない。彼女の遺作となった『センス・オブ・ワンダー』は、彼女の甥である4歳のロジャー君を連れて、自然の中で一緒に感じ合ったことを記した本です。本の中で、彼女はこう書いています。

「もしもわたしが、すべての子どもの成長を見守る善良な妖精に話しかける力をもっているとしたら、世界中の子どもに、生涯消えることのない『センス・オブ・ワンダー＝神秘さや不思議さに目を見はる感性』を授けてほしいとたのむでしょう」

初めて見るように、目の前の世界と接してみる。

もしくは、これが最後だと思って世界を優しく眺める。

そのとき、センス・オブ・ワンダーが発動し、世界は再び、あなたの前にその美しさを見せてくれることでしょう。

やってみよう！

僕の友人が、お寺の住職さんにこう言われた。
「あなたにお茶を注がせていただくのはきっと最後。だから、心を込めて淹れさせていただきます。よろしければお茶を飲むのは最後だと思って飲んでみてください」と。
そう言われてお茶を飲むと、幸せがゆっくりと体の中に広がっていく感じがした。人生で一番美味しいお茶だったとか。

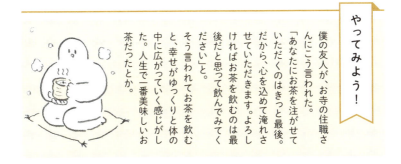

MEIGEN

87

水になれ、友よ。

▼ブルース・リー（武術家・俳優）

出典『形なきものとなれ！』

▶ブルース・リー

《Bruce Lee、1940-1973年》香港の中国武術家、俳優。

截拳道（ジークンドー）の創始者。代表作に『ドラゴン危機一発』、『ドラゴン怒りの鉄拳』、『燃えよドラゴン』など。

人生は川の流れのように

人は、「安心」「安定」を求めます。では、そのためには何が大切になるかというと、川の水のように流れ続け、変わり続けることです。

1971年に誕生して以来、変わらない味として親しまれている日清食品のカップヌードル。しかし、味は変わっていないように思えて、じつは、時代に応じて、少しずつ変わっています。国によって、麺の長さも微妙に変えてある。1971年から変わらずに愛されているのは、時代に応じて、少しずつアップグレードしているからです。

『進化論』のダーウィンが、言う通り。

「最も強い者が生き残るのではなく、最も賢い者が生き残るのでもない。唯一生き残るのは、変化できたものである」

僕らは、「安定」を求めますが、安定するためには、常に川のように流れていかなければならない。なぜなら、宇宙そのものが変わり続けているからです。

「変化こそ唯一の永遠」岡倉天心（思想家）

同じ場所にとどまろうとすることから、不幸は生まれます。

春夏秋冬、喜怒哀楽、それはめぐり続けていくものだと変化を受け入れる姿勢こそ、唯一安定（安心）を得られる方法です。

右足を一歩前へ出したら、バランスは崩れます。崩れながらも、今度は、逆の左足を一歩前に出す。バランスを崩しながら、一歩前に足を出し続けることではじめて、人は前に進めるのです。

生き方のお手本は、「水」です。水は、コップの中ではコップになり、あなたの体の中に入ればあなたになり、僕の中に入れば僕になる。柔軟に運命を受け入れ、自らの置かれた場所でひとつになるのです。

水になれ、友よ。

やってみよう！

僕らも水を見習って、柔軟にまわりを受け入れて変わり続けよう。それこそみ・ず・み・ず・しい生き方です。

さあ、今から5円玉を糸でつるし、左右にゆらしながら、自分にこう暗示をかけよう。

「水になれ――。水になれ――」

友よ、水になったかい？（笑）。

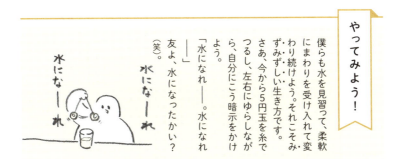

MEIGEN

88

私たちはさまざまなやり方で、
人生を意味あるものにできます。
活動することによって、
また愛することによって、
そして最後に苦悩することによって。

▼ヴィクトール・フランクル（精神科医）

出典『それでも人生にイエスと言う』V．E．フランクル、山田邦男 松田美佳（訳）（春秋社）

▶ヴィクトール・フランクル

《Viktor Emil Frankl、1905-1997年》オーストリアの精神科医、心理学者。強制収容所での体験をもとに著した『夜と霧』は、日本語を含め17ヵ国語に翻訳され、60年以上にわたって読み継がれている。

ヒット映画(面白い人生)のつくり方

「美しいお姫様とイケメン王子。二人はパーティで一目惚れ。結婚して幸せに暮らしました。こんなラブストーリーでいきたいんですが?」

「そんな映画つくったら、『金返せ』ってみんなブーイングだよ」

「え、どうしてですか?」

「映画を面白くするには、不幸が欠かせないんだよ。お姫様のお母さんがめっちゃワルとかの設定にしないと盛り上がらないよ。お母さんは自分が世界で一番美しいと思っていて、娘の美しさに嫉妬しちゃうとか。鏡に向かって、『世界で一番美しいのは誰?』って聞いてるような」

「それは、ハラハラしますね」

「『一番美しいのは王妃のあなたです』と鏡はいつも答えてくれるんだけど、ある日『一番美しいのは娘です』と言われる。で、お母さんは豹変。自分より美しくなった娘を殺そうとする。毒を仕込んだリンゴで」

「息絶えちゃっていいんですか? 主人公が!?」

「うん。死んで生き返るくらいしないとね。これだけ不幸にしておけば歴史に残る名作になる!タイトルは『白雪姫』はどう?」

面白い物語は、主人公がちゃんとフランクルの言う3つの体験すべてを経験するようになっています。人生も同じ。

一度、どん底に落ち、そこからどうはい上がっていくかってところに見所があるんです。どん底、それは視聴率が最も上がる名場面なのです。

行動しよう。愛そう。

そして苦悩しよう。

おまけのお話

映画(=人生)において、一番悩む役柄は、「主人公」と呼ばれます。
一番問題が起きる人を「主人公」というのです。
一番問題が起きない人を「通行人」といいます(笑)。
ちなみに、悩むことなく、とにかく最初から強い役柄が「悪役」といわれます。
なぜ、つらいことがあなたの身に起きるのかわかりますか?
そう。あなたが主人公だからです。
よ、主人公♪

MEIGEN

89

作り直しのきかない
過去なんて
どこにもないんだよ。

▼寺山修司（歌人・劇作家）

出典 映画『田園に死す』監督 寺山修司（日本アート・シアター・ギルド）

▶寺山修司

《1935-1983年》日本の歌人、劇作家。生まれは青森県だが、「走っている列車の中で生まれ、ゆえに故郷はない」などと本人は記している。代表作に『われに五月を』、『田園に死す』、『書を捨てよ、町へ出よう』など。マルチに活動し、膨大な量の文芸作品を発表した。

過去ではなく「未来記憶」で生きる

3年前に記憶喪失になった女性がいます。彼女は、自分のことも、家族のことも、社会的常識なども、全部忘れてしまった。そしてもうひとつ、彼女は重大な事を忘れてしまった。それは……、

自分が歩けないことを！

彼女は子どもの頃から足が悪く、車椅子生活を送っていました。一人暮らしのアパートには、24時間ヘルパーさんがきていた。ところが、記憶喪失になり、自分が歩けないということまで忘れてしまったため、車椅子なしで歩けるようになったのです。周囲の人もビックリ。今ではヘルパーさんの力も借りず、一人で生活しています。すごい話ですよね。

「刹那《せつな》」という言葉を、聞いたことはありますか？　「きわめて短い、最小時間の単位」という意味の仏教用語で、指パッチンと、指をひとはじきする一瞬に65刹那あると言われています。要するに、時間はまったく連続していないということ。この一瞬に、君は65回生まれ変わっている。一瞬前とは別人なんです。

引きずっているのは「過去の記憶」だけです。だから記憶を手放せば、できなかったことも、できるようになるかもしれない。歩けなかった人が、歩けるようになるように。

「過去」という漢字をよく見てください。「過ち」は「去」ったと書いて「過去」です。

これまでの「過去の記憶」で生きるのではなく、未来ではこんなことをしてそうという「未来の記憶」で生きてみよう。

君の未来、どんな未来が待っていたらうれしい？

その未来記憶を受け取り、そこに向かって生きるのです。

これまでが君じゃない。これからが君だ！

やってみよう！

生まれ変わりの儀式をやってみましょう。

手放していい記憶を、服を脱ぎ捨てるみたいに、1枚1枚、ほんとに服を脱ぐような仕草で、1枚1枚脱いでみましょう。

脱いだかな？

初めまして！　あなたは、今からまったく新しい、生まれたての君です。

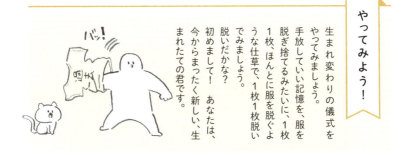

MEIGEN

90

悩んだ末に出た答えなら
15点だとしても正しい

▼桜井和寿（ミュージシャン）

出典『CENTER OF UNIVERSE』

▶桜井和寿（Mr.Children）

《1970年-》日本のミュージシャン。Mr.Childrenのボーカリスト、ギタリスト。自身にとって音楽は「宗教みたいなもの」であるといい、反戦などのメッセージ性を込めた楽曲も制作している。

満点は星空だけでいい

「満点は星空だけでいい」、これは明石家さんまさんがテレビで言っていた言葉ですが、まさにそう。満点は星空に任せておけばいいんです。人生とは、100点を目指すゲームなのではなく、自分の選んだ道が15点の道だったとしても、その15点をいかに面白くできるかが問われるゲームなのです。

これまでお話ししてきたように、僕は、中学のときからずーっと勉強していましたから、地元の新潟大学には余裕で受かる自信がありました。しかし、受験本番で、緊張のあまり頭が真っ白になり、落ちました（それこそ試験の点数は15点くらい）。一方、片思いの子は新潟大学に合格。僕は希望を失いました。6年間の僕の努力はなんだったのかと。新潟大学に落ちたことで、仕方なく、故郷を離れ、東京に出る決意をしました。

僕の性格は、一つひとつみると15点ばかりです。

臆病で小心者。でもそれでよかった。臆病だからこそ、いざってときに大胆にいける。

傷つきやすくて繊細に生まれてよかった。おかげで誰かを傷つけないような優しい表現が自然にできるようになった。

緊張しやすく、本番に弱くてよかった。おかげで東京に出る決心ができて、たくさんの先生との出会いがあった。

ずっと自分に自信がなくてよかった。だから、いつも新しい自分になりたくて、この本が書けるほど勉強してこれた。

僕は僕の15点を愛しています。

行きたい道が行くべき道とは限らない。

行った道を面白くしていくのが、生きるということです。

おまけのお話

長嶋茂雄元読売巨人軍監督は投手交代の際に、こう告げたことがあります。「ピッチャー、アワグチ！」。阿波野（アワノ）投手と川口投手が顔を見合わせて「どっち？」と言ったそう（笑）。迷うということは、両者のメリットが50：50と均衡しているから。であればどちらを選んでもいいんです。君が選んだほうが正解！

MEIGEN

91

体は私なり。
心は公なり。

▼吉田松陰（長州藩士・思想家）

出典『坐獄日録』吉田松陰

▶吉田松陰

《1830-1859年》日本の武士（長州藩士）、思想家、教育者。明治維新の精神的指導者。私塾「松下村塾」で、後の明治維新で重要な働きをする多くの若者に思想的影響を与えた。辞世の句は「身はたとひ武蔵の野辺に朽ちぬとも留め置かまし大和魂」。

何のために生きるのか？

「人生の三大不幸」は、なんだと思いますか？

作家であり、アンソニー・ロビンズ直伝トレーナーでもある池田貴将さんの人生を変えた、ある言葉をご紹介しましょう。

「人生の三大不幸は『話が上手なこと』『文章が上手なこと』『愛想がいいこと』」

この3つが、人生において、最大の不幸だというのです。池田さんはそれを知り全身が凍りついた。まさにこの3つが自分に当てはまっていたから。

話や文章が上手だと、思っていないことまで言えてしまう。愛想がいいと、誰にでも合わせられるから損得で考えるようになってしまう。その結果、自分の人生に軸がなくなってしまうのです。

「人生に軸がない」、これが最大の不幸です。

では、軸とは何か？　それは志であり、「何のために生きるのか？」ということです。財産を増やすスキルを学ぶのも、夢の叶え方を学ぶのも大事。でも、それを何のために学ぶのか？

そこで池田さんは「二度とない人生、この命を何に使いたいのか」と、真剣に問い始めた。

その頃に出会ったのが、志の男、吉田松陰の生き方でした。日本の未来のために、文字通り命を投げ出し、29歳で首を切られた幕末の教育者です。「体は私なり。心は公なり」という松陰の言葉は、「心は私のものではない、誰かのために使うもの、公のものだ」という意味です。

何のために、誰のために生きるのか？

その答えが人生の軸、背骨になるのです。

おまけのお話

自分より大切にしたいものを持つと、脳がバランスよく働くことが、研究でわかっています。覚醒下手術でトップクラスの実績を誇る篠浦伸禎先生によると、ある考えを持つと、右脳を刺激し、脳に新しい回路が生まれ、ストレスを乗り越える脳を作ることができるといいます。その考えとは、「公」の精神を持つこと。私利私欲は「動物脳(大脳辺縁系)」が司り、公の精神に通じるのが「人間脳(大脳新皮質)」。自分のことばかり考えていると、一部の脳しか働きませんが、相手を思いやれば、脳はバランス良く働くんです！

MEIGEN

92

アホは神の望み。

▼村上和雄（生物学者）

出典『アホは神の望み』村上和雄（サンマーク出版）

▶村上和雄

《1936年-》日本の分子生物学者、筑波大学名誉教授。78年、高血圧の黒幕である酵素「レニン」の遺伝子の解読に成功、世界的な業績として注目を集める。イネの全遺伝子暗号解読のリーダーとして活躍した。「心と遺伝子研究会」の代表。

人生、アホでよし

あるレストランで、息子は、コーラを頼んだのですが、出されたコーラを一口飲むやいなや言いました。

「とおちゃん！！このコーラ、ペペロンチーノの味がする！」

しないから！　絶対にしないから！

「とおちゃん、昔、コーラの作り方は極秘で、世界で3人しか知っている人がいないって話してくれたでしょ？　その3人が同時に死んだら作れなくなるから、絶対に3人一緒に飛行機に乗らないって。でも、わかっちゃったよ。コーラは、絶対、ペペロンチーノをすりつぶしてる！」

すりつぶしてないから！　そんな息子は、先日、深刻な顔をして僕に悩みを打ち明けてくれました。

「とおちゃん、実はオレさ、味噌ラーメンと醤油ラーメンの違いがいまだにわからないんだ」

わからなくていいよ（笑）。

また、先日、息子と歩いていたとき、息子はずっと指パッチンしながら歩いていたんです。もう驚くほど速くて「指パッチンブームなの？」と聞いてみると、

「オレさ、指パッチンの摩擦で火を起こせるようになりたいんだよ」と。

そうか、勉強もせずそんな壮大な夢に向かって日夜努力していたのか。

「ちなみに指から火を起こしてどうしたいの？」と聞いてみたところ、

「指パッチンで火を起こせたら焼肉屋のバイトに面接なしで受かるだろ？」と。

アホってかわいい。

神様も、アホな子ほどかわいいと思っているよ。

おまけのお話

人生アホでよし。つまり小さいことを気にしないでも、万事オッケーだということです。

なぎら健壱さんが、デビュー25周年を記念して、派手にコンサートをやったときのこと。

コンサートが終わったとき、なぎらさんはとんでもなく致命的なミスに気がつきました。

「あ、よく数えたら、デビューしてまだ23年だった」

ドンマイなぎらさん！

小さいことにくよくよするな！（笑）

MEIGEN

93

幸せというものは
そうやすやすとくるものではない。
時には不幸という帽子を
かぶってやってくる。
だからみんな逃げてしまうが
実はそれが幸せの正体だったりする。

▼坂村真民（詩人）

出典『詩集　二度とない人生だから』「幸せの帽子」坂村真民（サンマーク出版）

▶坂村真民

《1909-2006年》日本の仏教詩人。20歳から短歌に精進するが、41歳で詩に転じ、個人詩誌『詩国』を発行。仏教伝道文化賞、愛媛県功労賞、熊本県近代文化功労者賞受賞。特に「念ずれば花ひらく」という詩は人気で、その詩碑は外国にも建てられるほど。

ラッピングされた「不幸」の正体は愛

童話『青い鳥』のお話を覚えていますか？

クリスマスイブの夜、チルチルとミチル兄妹の前に魔法使いの老婆が現れます。老婆から「青い鳥を探してきてくれ」と頼まれ、2人はまぼろしの青い鳥を探しに世界を旅します。

「未来の国」では、これから生まれてくる子どもたちが生まれるそのときを待っていました。そのときが来ると、“時のおじいさん”が呼びに来て地球へ降りていきます。しかし、その時が来ても、行きたくないという男の子がいました。男の子には恋人がいたから、別れたくなかったのです。男の子は“時のおじいさん”にお願いしますが、認めてくれず、女の子は泣き出しました。

「この子は死にに行くんじゃないぞ、生まれに行くんじゃないか！」

そう言って“時のおじいさん”は2人を引き離してしまいますが、このとき、女の子は男の子にこう叫ぶのです。

「ね、しるしをちょうだい、なにかしるしを！　地球で、あなたをどうやって探していいか、教えてちょうだい」

男の子は答えました。

「ぼく、いつでも、キミを愛してるよ」

女の子は、地球で出会ったときに、自分だとわかってもらうためのしるしを、男の子に最後に伝えます。そのしるしとは……、

「私、地球でいちばん、ふしあわせなものになってるわ。そうすれば、あなたは、私のことがわかるでしょ？」

幸せは君の前に、不幸の姿で現れるんです。

不幸でラッピングされた天空のギフトの中身は、愛です。

おまけのお話

僕は妻と価値観が合わず、離婚したいくらい悩んでいた時期がありました。でも、そのナヤミの背後のノゾミは、「ほんとは仲良くしたい」だった。そこで、心理学を学びに行き、こうして本を書けるまでになりました。ナヤミ(不幸)の背後には必ずノゾミ(幸せ)が隠れてるんです。

MEIGEN

94

どんなつらいことも
悲しいことも　嬉しいことも
楽しいこともみんな
いつかのいい日のためにあるのよね。

▼笹田雪絵（エッセイスト）

出典『幸せ気分』笹田雪絵（魔女の翼）

▶笹田雪絵

中学二年生の時に、手足が突然動かなくなる神経性の難病、「MS（多発性硬化症）」となった。「お空は晴れもあれば雨もある。曇りもあり、嵐もあり、虹もある。でも必ずお日様にいつか会える」など、闘病の傍らエッセイや詩を多く書き残す。

時は君の味方だ

僕には、記憶を封印したほどの幼少期のトラウマがあります。

大好きだった幼稚園の女性の先生が、ある日殺されてしまったのです。あまりにもショックが大き過ぎて、自ら記憶を封印していたのですが、3年前に、その事件を思い出しました。そして最近、幼少期のトラウマと向き合う心理療法のワークをし、その事件と向き合ったのです。

ワークで「そのとき、本当はどうできたらよかったですか？」と聞かれた瞬間、自分でも思いがけない言葉が口から飛び出しました。

「犯人を幸せにしたかった」と。

犯人が幸せなら、きっと先生のことを殺さなかっただろうから……。

そのとき、気がついたのです。僕がこうして幸せを伝える作家という仕事に就いた理由を。

「どうしたら人は幸せになれるのか？」

作家になる前から、なぜか、ずっとこの問いに向き合って生きてきました。だから幸せに関する本を40冊以上も書いてきたんだ。

そのことに気がついたとき、先生が笑ってくれた気がしました。

そうか。あの日から先生は、ずっと僕の中で、一緒に生きていてくれていたのか。

作家の曽野綾子さんは**「答えを出すのは、人間ではなく、常に時間である」**と言っていました。

時が、答えの出ない「嘆きの涙」を、先生への「感謝の涙」に変えてくれました。

時は、いつだって君の味方なんです。

やってみよう！

どんなにがんばっても18歳にならないと免許が取れないように、時間が経たないとできないこと、わからないことってあるんです。先が見えず、現実を嘆きたくなったとき、今度、鏡の前で自分の瞳を優しくのぞきこんで、こうつぶやいてみてください。

「このおかげで3年後、私は笑ってる。ありがとう」

どんなにつらいことも、悲しいことも、みんな、いつかのいい日のためにあるんだよ。

MEIGEN

95

人生は間違いだらけで
間違いなし。

笑福亭笑瓶（落語家）

▶笑福亭笑瓶

《1956年-》落語家・お笑いタレント。上方落語協会会員。笑福亭鶴瓶に師事し、付人としてタレント修業し、デビュー。「噂の！東京マガジン」「大阪ほんわかテレビ」などに出演。

間違えた先で君を待つもの

僕の友人であるタクシードライバーのまことさんは、ドライバーになって間もない頃、道を大きく間違えてしまったことがあったそう。なんとか目的地に着いて、お客さんに謝り、「代金はけっこうです」と言いかけた。しかし、お客さんは、高くなったメーター通りの代金を置いて、お釣りさえ受け取らずに降りて行こうとした。さすがに受け取るわけにはいかない。まことさんが「待ってください」と声をかけると、お客さんは、「間違いは誰にでもある」と言って、そのまま降りていかれた。

「世の中には、こんな人がいるんだ。もし僕がお客さんなら間違いなくドライバーを責めていただろう。仕事が見つからず、仕方なく就いたタクシードライバーの仕事。すぐに辞めるつもりだったのに、あんな人に出会えるのなら、続けてみよう！」

そう思ったまことさんは、その後、自分の車に乗ってくれたお客さんを幸せにするために、タクシーの中で名言のカードを書いてプレゼントするという活動を始めます。

ある日、お客さんに名言カードを渡すと、お客さんから「僕からも名言をプレゼントしよう」と言われた。

「え？　お客さんの名言ですか？」

「そう。『人生間違いだらけで、間違いなし！』。間違わへん人なんかおらん、人は必ず間違う。けど、間違えた先に何かがある。だから間違いだらけで間違いなし！」

このお客さんは、笑福亭笑瓶さんでした。

人生で大切な体験は、間違えた先で、得られたりするものです。

間違いさえ、天の采配なんです。

やってみよう！

間違いを犯してしょんぼりしている友人に、この名言を写真に撮ってメールしてあげよう。

そして、もともと海で発生した生物（人類の祖先）が、なぜ陸にあがって進化したのかも、教えてあげてください。

海にいた生物の中に、間違って陸にあがっちゃった生物がいたからなんだ。

それが僕らの先祖だ！

『くいしん坊！万才』

『まちがい坊！万才』

→ここまで伝えると引かれるからここは伝えないように！（笑）

MEIGEN

96

神は記憶を与えてくれた。
人生の冬の時期に、
6月のバラを
思い描けるように。

▼ジェームス・マシュー・バリー（作家）

▶ジェームス・マシュー・バリー

《James Matthew Barrie、1860-1937年》イギリスの劇作家、童話作家、ファンタジー作家。『ピーター・パン』の作者。

最後は「思い出」が残る

朝起きると、カーペットの上に一輪の花が置かれていました。その一輪の花は、ガーデニア。よく見ると、一輪だけではなく、ぽとん、ぽとんと、何本かのガーデニアが床に置かれている。そのガーデニアをたどって階段を降りていくと、なんと、階段の下の廊下はガーデニアで埋め尽くされていました。 その廊下の先で、自慢げな顔で待っていたのはこの男。

ジョン・レノン。

オノ・ヨーコが、一番思い出に残っている誕生日の朝でした。

彼女は、ガーデニアが好きだった。それを知っていたジョン・レノンが、サプライズを仕掛けたのです。ガーデニアを扱っているお花屋さんはあまりなかったので、アメリカ中から取り寄せたのだそうです。

ジョン・レノンが亡くなって37年経ちます。しかし、この思い出は今なおオノ・ヨーコの心をあたたかくしてくれています。

ジョンは、まだ彼女の心の中で生きているのです。

人生最後の日、僕らは得たものをすべて手放すけれど、思い出だけはこの星に残る。

あの世に持っていけるのも、思い出だけです。

さあ、あなたは大切な人に、どんな一生の思い出を贈りたい？

どんな思いをわかち合いたい？

おまけのお話

「人は二度死ぬ」といいます。一度目の死は「肉体の死」。二度目の死は「存在の死」。誰の記憶にも上らなくなったときに迎える死。これを知った岡村佳明さんは、自分が存在できるのも、両親、ご先祖様のおかげなので、まずは母の名前「志津枝」にちなんで「しぃぼー」という名前の居酒屋を静岡につくりました。さらに「のぼる」(父の名前)、「う作」「兼次郎」「いきち」と、お祖父さん、ひいお祖父さんの名前のお店も続々とオープン。ご先祖様の名前を店名にしたら、自分が守られているような気持ちになったとか。

MEIGEN

97

楽しもうと決心すれば、
たいていいつでも
楽しくできるものよ。

▼アン・シャーリー（『赤毛のアン』の主人公）

出典『赤毛のアン』ルーシー・モード・モンゴメリ、村岡花子（訳）（新潮社）

▶アン・シャーリー

《Anne Shirley》カナダの作家L・M・モンゴメリが1908年に発表した長編小説『赤毛のアン』の主人公。想像力豊かでお喋り好きな女の子。自分の赤毛に劣等感を抱いている。そのため、自分のことをカラスの羽のように見事に真っ黒な髪と、すみれ色の瞳をもったレディー・コーデリア・フィッツジェラルドだと思うようにしている。

人生の「壁」は、未来の「扉」

クリスマス・イブに恋人がいないのは何のチャンスですか？

友人のコンサルタント本田晃一さん（こーちゃん）は、学生の頃、クリスマスが近づいてきているのにもかかわらず、彼女がいなかった。

そこでどうしたか？　同じように恋人がいない男とコンビを結成し、街のカップルたちを喜ばせようとしたんです！

12月になると、イルミネーションが灯り、クリスマスモードの恋人たちが街にあふれます。そこに、二人はサンタの衣装を着て、「一緒に写真を撮りませんか？」と立ったのです。当時は携帯電話がなかった時代。ポラロイドカメラで一緒に写真を撮り、その場でプレゼント。恋人たちはサンタクロースと記念写真が撮れて大喜び。

でも、一番喜んだのは、こーちゃんたちでした。写真撮影を1枚700円という価格設定にしていたにもかかわらず、依頼が殺到。1日の売上げが10万円以上になったそう（最高16万円）。そんなことを2週間もやれば、収入は150万円を超えます。学生のときの150万円って、大金ですよ。

さあ。クリスマスに恋人がいないのは何のチャンスでしたか？

それは、恋人たちの喜びを生み出して、ついでに150万円いただくチャンスでした。こーちゃんと相棒は、儲けたお金を部屋に敷き詰めて、ローリングしたそうです（笑）。

ピンチは全部、チャンスに変えられるのでございま〜す。

どんなことでも、ほんとは楽しめるのでありま〜す。

問題を踏み台にして、最高にハッピーな未来をつくりだそう。

やってみよう！

あなたの今抱えている悩みや問題が、あなたの人生がこれからもっと面白くなるための前振りだとしたら、この問題を通して、あなたは何を学び、どう成長して、どんな未来が待っているだろう。

ここに書き出してみよう。

何でも楽しめたら無敵なんだよ。

MEIGEN

98

あなたの今の生き方は、
どれくらい生きるつもりの
生き方なんですか？

▼伊坂幸太郎（作家）

出典『終末のフール』伊坂幸太郎（集英社）

▶伊坂幸太郎

《1971年-》日本の作家。システムエンジニアを経て、『オーデュボンの祈り』で新潮ミステリー倶楽部賞を受賞しデビュー。『重力ピエロ』『チルドレン』『グラスホッパー』『死神の精度』『砂漠』で直木賞候補となる。

死ぬ前に後悔すること、それが最大の不幸

縄文時代の平均寿命は、30歳くらいだったそう。ということは、もし、30歳で亡くなることが不幸だとするなら、1万年以上続いた縄文時代の人は、みんな不幸だったということになります。

ちなみに、蓮の花は、散るまで4日の命です。死が不幸じゃないってことです。生きている、今が奇跡なのです。

「たとえ太陽系と天体の全部が壊れたとしても、君が死ぬのは1回きりだ」トマス・カーライル（英国の歴史家・評論家）

そう、1回きりの奇跡の人生、君はどう生きたいですか？

このままの生き方が続いたとしたら、人生最後の瞬間に、後悔しないですか？　本当にやりたいことに向かって生きたくないですか？

本心に素直に、「感」じたように「動」く。「感動」はそこにしかない。

君の本心を大切にしてあげられるのは、世界で、君ただ一人です。

ときには、まわりを気にせずに、自分の本心を貫き通すことだって大事です。お釈迦様は、悟りたいという自らの願いのために、妻と子を置いて出家した。これは非情な決断です。しかし、お釈迦様はその修行をやり切り、本願を貫き通した結果、最後は、妻も子も釈迦の弟子入りをし、2500年もの時空を超えて、今なお多くの人の心に明かりを灯しています。

自分を満たしきれば、あふれます。

みなが、あふれたら、それこそ、真に優しい世界となります。

やり切ろうよ！

この素晴らしい人生を！

やってみよう！

大繁盛の沖縄そば屋に行ったとき。店主に「大人気ですね」と言ったら、数年前まで潰れそうだったんだとか。

で、店主は悩んだあげく、半年間、死ぬ気でやると決めた。半年たってダメならお店をたたむと。

その半年間、チラシを配る、キッチンをピカピカに磨くなど、毎日やれることを全部やったら流れが変わったんだそう。

半年でいい。死ぬ気でやってみよう。

大丈夫、死なないから（笑）。

MEIGEN

99

本人　本当　本物
本心　本気　本音
本番　本腰
本質　本性
本覚　本願
本の字のつくものはいい
本の字でゆこう
いつでも　どこでも
何をやるにも

▼相田みつを（詩人・書家）

出典『じぶんの花を』相田みつを（文化出版局）

▶相田みつを

《1924-1991年》日本の詩人、書家。独特の書体で平坦な言葉を書く作品で知られる。「書の詩人」、「いのちの詩人」とも称される。代表作に『にんげんだもの』『おかげさん』など。妥協を許さず、「逢」の一文字を書くために何百枚何千枚と紙を使用したこともあったという。

自分の本心に従う

「本」の語源は、「太い木の根」をさし、物事の「根本」という意味です。つまり、本心じゃないもの、本気じゃないもの、本音じゃないものは、深く根を下ろさないということです。

僕は通販会社でコピーライターの仕事をしていました。最初は、自分の書いた広告コピーでモノが売れることが楽しかったのですが、次第に、自分が本心からいいと思えない商品の広告をつくることに違和感が生じてきたんです。そんな中で、本心で感じたことだけを書きたいという願いが日に日に大きくなっていきました。そうやって生きられたら、幸せだな〜って。

とはいえ、そんな仕事は、待っていてもきません。そこで読んでくれる人へのラブレターを書くつもりで、自分が本当に感動した言葉をブログで綴り始めたのが、2004年の8月9日のこと。

本心100％でブログを書き始めたら、本当に毎日がうれしく、朝起きるのが楽しみになった。会社員として働き、家に帰ってから、ブログに2、3時間向き合う。この2、3時間が本当に楽しくて、本心に寄り添ってあげると、自分ってこんなにイキイキするんだ！と、感動しました。

本音、本心は、自分からすごい才能を引き出してくれる。

本音、本心は、自分の魂の根っこにつながっているからです。

本音。それは「本当」の「音」と書きます。

本当の音を響かせよう。

本の字で行こう。

いつでも、どこでも、何をやるにしても。

やってみよう！

1日30分でもいいから、心からやりたいことをやろうよ。
ちゃんと「本心」を表現する機会をつくろう。それが、いきなり仕事にはならなくたっていい。本心の方向に、にじりよっていけばいいんです。
大丈夫。
「本心」は必ず花を咲かせます。
・本心に日（太陽）の光を当ててあげる国、それが「日本」という国です。

MEIGEN

100

人生とは１００年の夏休み。

▼ひすいこたろう（作家・天才コピーライター）

▶ひすいこたろう

作家。天才コピーライター。作家生活12年の集大成としてこの本を執筆。書きあげた今、あなたがこの本を大切な友人3人にプレゼントしてくださることを夢見る毎日（笑）。というか最後まで読んでくれてほんとうにありがとう。こんな隅々までね。感謝合掌。

やりきろうよ！素晴らしきかな、人生！

名言100、最後に伝えたいのは、「人生とはつかのまの夏休みだよ」ということです。

想像してみてください。

「明日から1カ月間、ハワイ旅行だよ」って言われたら、「あれやってみたい、あそこに行きたい」と、ウキウキしてくると思うんです。

ではこう言われたらどうでしょう？

「明日から、100年間の夏休みだよ」

僕らはそうやってこの星に生まれてきたんです。思い出しましたか？

生まれてから今日までの時間、あっという間だったでしょう？

同じように、これからもあっという間。

人生とは、夢のように過ぎ去るドリーミングタイム（夏休み）です。

友人の野澤卓央さんが、20代の頃、ラオスからタイに移動するバスの中で、同世代の現地の男性と一緒になった。お金があったらいろいろな国に行きたいと語る彼が、お別れのとき、なんと野澤さんのバス代を払ってくれたそう。こんな言葉を添えて。

「この国をもっと楽しんで」

彼は、自分の国を少しでも楽しんでほしいという気持ちからバス代を払ってくれたのです。僕からも君に伝えさせてください。

「自分をもっと楽しんで」

人生最後の瞬間、これまでの辛かったことも、すべての現実は「夢」に溶けます。であれば、これからどんな夢を見たい？

人生とは100年の夏休み。

深刻さを手放して、もっと遊ぼうよ。

たかが人生、遊びじゃないか。

おまけのお話

もしカミサマがいるとしたら、カミサマは君にこのセリフしか言わないそうだよ。

「君のやりたいことは何？」

「それ、やればいいじゃん」

カミサマは「じゃん」とは言わないけどね。

正確に言うなら、

「それ、やるといいスよ！」

byカミサマ（笑）。

夏休みはまだまだ続くよ。

さあ、何して遊ぼうか？

自分にとって、
ほんとうに大事なことってなんだろう。
自分にとって、
ほんとうに大切な人って誰だろう。
このふたつを、本気で思っているだけで、
いい人生が送れるような気がする。

▼糸井重里

出典「知慧の実のことば」ほぼ日刊イトイ新聞語録

あるお母さんから聞いた話です。そのお母さんは、

「うちの娘は出かけるときに『行ってきます』って言わないんです」

と言っていました。普通、外に出かけるときは、家族に「行ってきます」と言って、出かけますよね？

でも、その中学生の娘さんは、絶対に「行ってきます」と言わない。

もしその日、家族に何かあったら、最後の言葉が「行ってきます」になってしまう。

「『行ってきます』が最後の言葉になるのは絶対に嫌だから」と。

じゃあ、娘さんは、なんて家族に言って出かけると思いますか？

その言葉を、僕からあなたへのラストメッセージに代えさせてもらいます。

深呼吸を3回して、次のページをひらいてください。

子き!

「大好き」は、うれしい。

どんな世界中の名言よりも、あなたが、大切に思っている人に伝える「大好き」に勝る言葉はないよ。


「大好き」って、すごい言葉です。

だって、そこに理屈がない。

条件もない。

全肯定してくれている。

全部を包んでくれている。

男女も関係ない。

そのままのあなたを好きってことです。

言われたほうもうれしいけど、言うほうだって、心があたたかくなる。

これぞ、名言中の名言であり、奇跡の言葉です。

「大好き」と口に出して言うと、涙が出そうになることってある。それは、本当の気持ちを声に出すことで、心が反応しているから。

　本当の気持ちを伝える。本当の気持ちに寄り添って生きる。

それは、100年の夏休みを過ごすうえで、一番大切なことです。

すべての名言とは、そのために存在してるんです。あなたが本当の気持ちで生きることを手助けしてくれるために、名言は存在しています。


もう、君が本当の気持ちで生きるために必要な言葉は全部伝えたよ。

今度は、あなたが大切にしている人に、今から奇跡の言葉「大好き!」を伝えに行こう。そう、言葉は相手の耳に届けるためにある。

本当の気持ちを、
本当に大切な人に伝えるために、
僕らはこの星に生まれてきたんだ。

本心を出し惜しみして生きるなんて、もったいないよ。

だって、二度とない人生だから。

本当の気持ちを解き放て!

今、ここで。

「自分」という奇跡はそこから始まる！
最後まで読んでくれてありがとう。また逢いましょう。
この星を楽しんで。
大好きだよ。

ひすいこたろうでした。

次はここでお会いしましょう。

あなたのメールアドレスを登録すると、
無料で名言セラピーが配信されます。

ひすいこたろう「3秒でHappy? 名言セラピー」
http://www.mag2.com/m/0000145862.html
（「まぐまぐ」「名言セラピー」で検索）

トークライブで全国をまわっていますから、
その日程の案内もメルマガで届きます。
本の感想やファンメールも寝ずにお待ちしています（笑）

ひすいこたろう ▶ hisuikotaro@hotmail.co.jp
ひすいこたろうブログ ▶ http://ameblo.jp/hisuikotarou/

スペシャルサンクス
SPECIAL THANKS

10年間、僕の本を編集してくださっている、
恩人のふたりに心から感謝します。
いつも最高のアイデアをありがとうございます。
大山聡子　ミッチェルあやか（ひすいブレーン）

小山美幸（プロローグに登場いただいた友人）

参考文献

- 『愛する言葉』岡本太郎　岡本敏子（イースト・プレス）
- 『週刊現代』2011年5月28日号（講談社）
- 『目からウロコで目が点で』小林正観　斎藤サトル（サトルーチ出版）
- 『大人養成講座番外編 お金を極める100の名言』石原壮一郎、ザイ編集部（ダイヤモンド社）
- 『「ない仕事」の作り方』みうらじゅん（文藝春秋）
- 『百円の男 ダイソー矢野博丈』大下英治（さくら舎）
- 『日経ビジネス』2012年4月2日号（日経BP社）
- 『「がんばれ！」でがんばれない人のための〝意外〟な名言集』大山くまお（ワニブックス）
- 『きたえよ！オシャレ力』押田比呂美（小学館）
- 『ラギッド名言集――人生を切り拓く、魂の一言』Free&Easy編集部（イーストコミュニケーションズ）
- 『新版 幸福を知る才能』宇野千代（海竜社）
- 『BASHAR 2006』ダリル・アンカ　大空夢湧子［訳］（ヴォイス）
- 『ウォルト・ディズニーの成功ルール』リッチ ハミルトン　箱田忠昭［訳］（あさ出版）
- 『なぜジョブズは、黒いタートルネックしか着なかったのか？』ひすいこたろう＋滝本洋平（A-Works）
- 『わが友 本田宗一郎』井深大（ゴマブックス）
- 『競馬への望郷』寺山修司（角川書店）
- 『氣の威力』藤平光一（幻冬舎）
- 『流言飛話』村上龍（集英社）
- 『エンツォ・フェラーリ』ブロック・イェイツ（集英社）
- 『人生談義』松下幸之助（PHP研究所）
- 『知恵の三つ編み』ポーラ・アンダーウッド　星川淳［訳］（徳間書店）
- 『宇宙の風に聴く』佐治晴夫（カタツムリ社）
- 『ポケット名言集「小さな名言集」』藤尾秀昭（致知出版社）
- 『三谷幸喜のありふれた生活』三谷幸喜（朝日新聞社）

●『楽しく上手にお金とつきあう』小林正観（大和書房）
●『幸せの宇宙構造』小林正観（弘園社）
●『すごい言葉』晴山陽一（文藝春秋）
●『メンズノンノ』2011年5月号（集英社）
●『海のオルゴール―子にささげる愛と詩』竹内てるよ（家の光協会）
●『日本語を使いさばく名言名句の辞典』現代言語研究会（あすとろ出版）
●『福ふくごはん』ちこ（宝島社）
●『人を許すことで人は許される』中谷彰宏（PHP研究所）
●『スティーブ・ジョブズ　神の仕事術』桑原晃弥（PHP研究所）
●『アイデアのヒント』ジャックフォスター　青島淑子［訳］（CCCメディアハウス）
●『「面白く生きる知恵」は山ほどあるさ』藤本義一（青春出版社）
●『新装版　社員稼業　仕事のコツ・人生の味』松下幸之助（PHP研究所）
●『素直な心になるために』松下幸之助（PHP研究所）
●『希望の仕事術』橘川幸夫（バジリコ）
●『バカポジティブ』関根勤（マガジンハウス）
●『世界一の「売る」技術 世界No.1セールスマンが明かす「必ず買わせる」テクニック』ジョー・ジラード　ロバート・L・シュック　石原薫［訳］（フォレスト出版）
●『頑張りすぎないほうが成功する』中谷彰宏（ダイヤモンド社）
●『水木サンの幸福論』水木しげる（角川書店）
●『竜馬がゆく』司馬遼太郎（文藝春秋）
●『二十一世紀に生きる君たちへ』司馬遼太郎（世界文化社）
●『新校本宮沢賢治全集』宮沢賢治（筑摩書房）
●『日本経済新聞』2009年12月26日号
●『アー・ユー・ハッピー?』矢沢永吉（角川書店）

- 『成りあがりHow tobe BIG——矢沢永吉激論集』矢沢永吉（角川書店）
- 『どん底から這い上がったスターたち』金沢誠（宮帯出版社）
- 『ものの見方検定「最悪」は０・１秒で「最高」にできる！』ひすいこたろう（祥伝社）
- 『絶望の隣は希望です！』やなせたかし（小学館）
- 『もうひとつのアンパンマン物語』やなせたかし（ＰＨＰ研究所）
- 『土の学校』木村秋則　石川拓治（幻冬舎）
- 『お役に立つ生き方』木村秋則（東邦出版）
- 『目に見えないけれど、人生でいちばん大切なこと』木村秋則　鍵山秀三郎（ＰＨＰ研究所）
- 『今あなたに知ってもらいたいこと』オノ・ヨーコ（幻冬舎）
- 『ゲーテ詩集』ゲーテ　井上正蔵［訳］（旺文社）
- 『10代のための古典名句名言』佐藤文隆　高橋義人（岩波書店）
- 『斜陽』太宰治
- 『太宰治全集12』『恋ノウタ』太宰治（筑摩書房）
- 『ゲーテ格言集』ゲーテ　高橋健二［訳］（新潮社）
- 『茶の本』岡倉覚三　村岡博［訳］（岩波書店）
- 『楽に楽しく生きる』小林正観（弘園社）
- 『手をつなげば、あたたかい。宇宙がくれた「優しい力」』山元加津子（サンマーク出版）
- 『自分だけのソファの探し方』秋元康（ニッポン放送プロジェクト）
- 『人生がときめく片づけの魔法』近藤麻理恵（サンマーク出版）
- 『週刊現代』２０１０年１月30日号（講談社）
- 『坐獄日録』吉田松陰
- 『人に向かわず天に向かえ』篠浦伸禎（小学館）
- 『青い鳥』メーテルリンク　保永貞夫［訳］（講談社）
- 『幸福という名の不幸』曽野綾子（講談社）

● 写真クレジット（P250）

【黄金の海】撮影：ロッキー田中

12月初旬　雲上の夜明け　南アルプス山系より。
富士山は生きている。生きているから雲を呼ぶ。
雲を呼ぶからシーンが変る。それを求めて逢いに行く。
一期一会の超絶の世界。朝日が雲海の上に顔を出した瞬間、
一面が黄金になった。雲海の左に「父母」の文字が浮かんだ。
世界遺産国際会議でこの写真が活躍した。

●『今を生きる』オノ・ヨーコ（集英社インターナショナル）

●『よつばと！』あずまきよひこ（KADOKAWA）

●『やさしすぎるあなたがお金持ちになる生き方』吉武大輔（フォレスト出版）

●『世界一ふざけた夢の叶え方』ひすいこたろう　菅野一勢　柳田厚志（フォレスト出版）

●『あなたのおかげで12年やってこれました。大好きです』ひすいこたろう（コタロー出版）

●「西きょうじのポレポレ課外授業第３課　言葉を味方につけるために〜言語の獲得から共有まで〜」

●忌野清志郎ホームページ「地味変」
http://www.kiyoshiro.co.jp/news/index.html

●朝日新聞ＤＩＧＩＴＡＬ「信じろよ、自分を　矢沢永吉が語る仕事―３」
http://www.asakyu.com/column/?id=493

●ほぼ日刊イトイ新聞「ほぼ日刊イトイ新聞創刊12周年記念企画」
https://www.1101.com/cgi-bin/photolive.cgi?p=100606event&dt=20100606150409&ob

●Ａｍｅｂａニュース「男の人生を変える？・ロックンローラー・矢沢永吉の影に内助」
https://news.ameba.jp/entry/20131128-306

●MANAYUI official website「まなゆいとは」
http://www.manayui.com/

やってダメならもっとやれ！

▼てんつくマン

出典『天国はつくるもの』てんつくマン（クラブ・サンクチュアリ）

その人はあきらめなかった。何度も何度も倒れたけど、その人はあきらめなかった。
何度も何度も倒れたけど、その人は立ち上がった。
何度も
何度も
何度も
何度も
何度も
何度も
倒れた。
でも、その人はその度に立ち上がった。
何度倒れても、自分にはムリだなんて一度も思わなかった。
何千回倒れても、その人は一度も弱音を吐かなかった。
笑顔でその人は立ち上がり続けた。
何度も、何度も。
その人とは誰のことか？
不屈の精神を持つ、その人は誰か？

あなたのことです！

そう、君だよ。この本を今読んでいる君のことだよ。
あなたは、そうして歩けるようになったのです。
昔はできたのに、今できないわけがないよね？
そう、君のことです。
何のために、そこまでして歩きたかったんだと思う？
何のために、そこまでして、君は歩くことをあきらめなかったんだと思う？
それは……、
君は君の人生を生きたかったからです。君は君の人生を歩みたかったからです。

君に必要な言葉はすべて授けた。

あとはやりたいようにやるだけだ。
本心ど真ん中を生きろ！

未来はいつも面白い。

▼太田光（爆笑問題）

累計60万部突破!

『3秒でハッピーになる名言セラピー』

シリーズ

『3秒でハッピーになる
モテ名言セラピー』

『3秒でハッピーになる
名言セラピー』

『THE BEST OF
3秒でHappyになる
名言セラピー』

『名言セラピー 幕末スペシャル
The Revolution』

『3秒でハッピーになる
名言セラピー
英語でしあわせ編』

3秒で人生は変わる! ……と聞いたら、あなたは信じますか?

しあわせを感じるのは、けっして難しいことではありません。言葉の力を使えば、わずか3秒で幸せになれます。人生の達人の名言を題材に、毎日ハッピーで、仕事もノリノリで、お金持ちになって、モテモテになれる「視点の持ち方」を、おもしろおかしく、ときに感動的につづります。

ひすいこたろうの伝説はこの本から始まった!

累計33万部突破!

『あした死ぬかもよ?』

シリーズ

『あした死んでも
後悔しないためのノート』

『あした死ぬかもよ?』

「いつ最後の日が来ても後悔はない」。そう胸をはって言える人生を送っていますか?　自分が「いつか死ぬ身である」ということをしっかり心に刻み込めば、自分の本当の気持ちに気がつき、もっと自分らしく、人生を輝かせることができる!　これからの「生」を輝かせる、必読の書。

3秒でハッピーになる　超名言100

発行日　2018年1月30日　第1刷
2024年6月15日　第6刷

Author　ひすいこたろう

Illustrator　みぞぐちともや

Book Designer　西垂水敦(krran)

Publication　株式会社ディスカヴァー・トゥエンティワン
〒102-0093　東京都千代田区平河町2-16-1 平河町森タワー11F
TEL　03-3237-8321(代表)
FAX　03-3237-8323
http://www.d21.co.jp

Publisher　谷口奈緒美
Editor　大山聡子

Distribution Company
飯田智樹　蛯原昇　古矢薫　佐藤昌幸　青木翔平　磯部隆　井筒浩
北野風生　副島杏南　廣内悠理　松ノ下直輝　三輪真也　八木眸
山田諭志　小山怜那　千葉潤子　町田加奈子

Online Store & Rights Company
庄司知世　杉田彰子　阿知波淳平　大﨑双葉　近江花渚　滝口景太郎
田山礼真　徳間凜太郎　古川菜津子　鈴木雄大　高原未来子
藤井多穂子　厚見アレックス太郎　金野美穂　陳玟萱　松浦麻恵

Product Management Company
大山聡子　大竹朝子　藤田浩芳　三谷祐一　千葉正幸　中島俊平
青木涼馬　伊東佑真　榎本明日香　大田原恵美　小石亜季　舘瑞恵
西川なつか　野﨑竜海　野中保奈美　野村美空　橋本莉奈　林秀樹
原典宏　星野悠果　牧野類　村尾純司　元木優子　安永姫菜
浅野目七重　神日登美　波塚みなみ　林佳菜

Digital Solution & Production Company
大星多聞　小野航平　馮東平　森谷真一　宇賀神実　津野主揮
林秀規　福田章平

Headquarters
川島理　小関勝則　田中亜紀　山中麻吏　井上竜之介　奥田千晶
小田木もも　佐藤淳基　仙田彩歌　中西花　福永友紀　俵敬子
斎藤悠人　宮下祥子　池田望　石橋佐知子　伊藤香　伊藤由美
鈴木洋子　藤井かおり　丸山香織

Proofreader　株式会社鷗来堂
DTP　朝日メディアインターナショナル株式会社
Printing　シナノ印刷株式会社

ISBN978-4-7993-2217-8

人 生 最 後 の 日

君の100年の夏休みの日々は
こんなふうに見えるはずだよ。
君の黄金の人生に、
心から拍手を贈ろう。

黄金の海 / ロッキー田中